LA LLAVE DEL PERDÓN

CÓMO PERDONAR LO IMPERDONABLE

Alex González

MMXXV
© Alex González
La llave del perdón
Cómo aprender a perdonar
ISBN: 9798896866060
Editorial: Staten House
www. alexgonzalezbooks.com

La historia presentada en este libro es verídica; sin embargo, se han modificado algunos nombres y detalles identificativos para proteger el anonimato de sus protagonistas. Reservados todos los derechos de publicación en cualquier idioma.

Según el Código Penal vigente, ninguna parte de este libro puede ser reproducida, grabada en alguno de los sistemas de almacenamiento existentes o transmitida por cualquier procedimiento, ya sea electrónico, mecánico, magnético, reprográfico o cualquier otro, sin autorización previa y por escrito de Alex González.
Diríjase a:
info@alexgonzalezbooks.com

Su contenido está protegido por la ley vigente que establece penas de prisión y/o multas a quienes intencionadamente reprodujeren o plagiaren, en todo o en parte, una obra literaria, artística.

Índice

Índice..vii

Prologo..ix

Introducción..xi

Capítulo 1: Sombras de mi memoria....................................1

Capítulo 2: Reencuentro 12

Capítulo 3: Abandono 24

Capítulo 4: Descuido 35

Capítulo 5: Falsa ilusión 48

Capítulo 6: Abuso 55

Capítulo 7: Videojuegos 61

Capítulo 8: Retorno 67

Capítulo 9: Huida 74

Capítulo 10: La llamada..82

Capítulo 11: Encuentro transformador 90

Capítulo 12: Regreso..103

Capítulo13: Enlace celestial...113

Capítulo 14: Ministerio...124

Capítulo15: Revelación...132

Capítulo 16: Conferencia 141

Capítulo 17: Liberación...151

Capítulo 18: Dios tiene el control....................................160

Capítulo 19: La llave del perdón......................................168

Capítulo 20: Interesante 177

Agradecimiento 187

Prologo

Cuando te sumerges en la historia de alguien que refleja humildad, serenidad y felicidad, es difícil imaginar que, detrás de esa imagen radiante, hay un gran testimonio de vida que ha dejado una huella imborrable en su alma.

"La llave de perdón, cómo aprender a perdonar" Es un viaje transformador que te permitirá descubrir una historia de redención, superación y fe inquebrantable que te llenará de esperanza y te recordará que, sin importar cuán oscuro sea el camino, siempre hay una salida hacia la luz.

Cada capítulo te llevará a explorar los rincones más oscuros de una vida marcada por el sufrimiento y te mostrará cómo el amor de Dios puede sanar las heridas más profundas.

De una forma amena y práctica, cada página de este libro nos enseña a encarar de manera positiva las adversidades, miedos y dudas que resaltan en nuestro diario vivir y a convertirlos en un impulso para crecer y lograr perdonar a las personas que nos han dañado. Nos acompaña de manera lúcida y cercana en las batallas a las cuales estaremos expuestos en el recorrido de nuestra vida.

Nos enseña a afrontar las dificultades y frustraciones que se presenten; podemos aprender de nuestros propios fracasos para adaptarlos a los cambios que experimentamos cuando le permitamos al Espíritu Santo que tome el control de nuestro existir.

La felicidad no depende de la realidad, sino de la interpretación que hacemos de esta. La madurez afectiva es la capacidad de dar y recibir amor. Solo quien recibe la paz espiritual que Cristo nos da puede encontrar sentido a su vida. No es más sabio el que menos se equivoca, sino quien más aprende de los errores, Espero, sinceramente, que cada página de este libro te toque el corazón y transforme tu vida, como lo ha hecho con la mía. Que te llene de esperanza, te fortalezca en tus momentos de debilidad y te recuerde que, sin importar cuán oscuro sea el camino, el amor de Dios siempre está presente, guiándonos hacia la luz.

Aunque el tiempo pase, las promesas de Dios se cumplirán. Esa debe ser nuestra seguridad. Su amor siempre nos debe sostener para seguir adelante.

Con todo mi respeto y gratitud:

Mary Henríquez
Ministra del Evangelio

Introducción

El perdón es uno de los temas más profundos y transformadores que se encuentra en las Escrituras. A lo largo de la historia, el poder del perdón ha demostrado ser una fuerza capaz de cambiar vidas, sanar heridas y restaurar relaciones rotas. Sin embargo, a menudo nos resistimos a este proceso, aferrándonos al rencor y la amargura que parecen más seguros y familiares.

¿Por qué es tan difícil perdonar? ¿Qué nos impide dejar ir el dolor del pasado y avanzar hacia una vida de libertad y sanidad?

Estas son preguntas que exploraremos en las páginas de este libro, con la convicción de que el perdón es una de las llaves más poderosas para desbloquear el potencial que Dios ha depositado en cada uno de nosotros.

A medida que recorramos este camino juntos, descubriremos que el perdón no es solo un acto aislado, sino un estilo de vida que nos libera de las cadenas del resentimiento y nos permite experimentar la transformación que solo Dios puede obrar en nuestros corazones.

La promesa bíblica de sanidad y restauración a través del perdón. En las Escrituras, encontramos una promesa clara y poderosa: a través del perdón, Dios nos ofrece sanidad y restauración.

Capítulo 1: Sombras de mi memoria

"¿Qué sucede cuando en la infancia, en esa etapa que idealizamos como un paraíso de inocencia y alegría, se convierte en un infierno de dolor y sufrimiento?"

Es una verdad irrefutable: el amor de los padres y el entorno familiar es fundamental en la vida de un niño. Es la etapa crucial en la existencia de cualquier persona; es comúnmente asociada a la inocencia, la alegría y el afecto incondicional. Pero, para algunos, no es tan bueno como se cree. Esta historia es la representación de una infancia llena de ausencia, dolor, luchas, abusos, muerte, y demás. A pesar de ello, hoy día, pude conocer y darme cuenta del propósito de Dios que hay en mí y en el ministerio al lado de mi amada e inseparable hija.

Circunstancias, vivencias, emociones, y todo cuanto me rodea son incomparables con el Gran Amor y Misericordia del Eterno por nosotros, aún más al descubrir el increíble potencial y fortaleza inquebrantable que residen en mi hija y en mí.

Mis primeras memorias no se tiñen de color pastel ni de momentos armoniosos, ni mucho menos es un cuento de hadas. Al contrario: mi vida fue un mosaico de fragmentos rotos, cada uno de los cuales resultó ser un pedazo de una realidad distorsionada. La figura paterna me fue por completo desconocida. Una fotografía era el único testimonio de su existencia, una imagen que representó su ausencia física y emocional, la cual cargué sobre mis hombros semejante a una pesada losa. Según me contaron, mi llegada a este mundo no fue deseada; no querían que naciera, sobre todo mi padre.

Mi madre, mujer bella, de aspecto y clase inigualables, era muy reconocida por su trabajo en la ciudad donde residía. Hasta el momento, desconozco en su totalidad a qué se dedicaba, pues es un secreto riguroso que permanece guardado hasta el día de hoy.

En la Biblia, la palabra del Señor menciona:

«Honra a tu padre y a tu madre » (Efesios 6:2). Según el Diccionario Concordancia (de James Strong), la palabra griega "τίμα" ("tima") se traduce como "honor", "precio", "valor", "dignidad". Indica "mostrar respeto o estima".

Por lo tanto, no hablaré mal de la persona cuyo propósito Dios usó para darme la vida. Fue el instrumento al cual el Todopoderoso destinó para traerme a este mundo. En aquella época, yo era un impedimento no deseado, la piedra de tropiezo en los grandiosos proyectos de mis padres. Un pequeño, pero significativo obstáculo los obligó a readaptar sus aspiraciones y a "reevaluar sus prioridades". Desde luego, su prioridad no era yo.

Fui arrancado de mi casa en Guadalajara, Jalisco, México, y trasladado al domicilio de mi abuela y de sus dos hijos, mis tíos, en Puebla (México), de acuerdo con lo que me dijeron, ya cerca de cumplir un año.

La luz de la alegría se extinguió, y dio paso a una oscuridad impenetrable. En ese nuevo entorno, me sumergieron en un mundo hostil, donde el abandono y la violencia se convirtieron en mis compañeros inseparables. La angustia y la desolación se apoderaron de mi ser, ralentizando el tiempo y marcando cada minuto con la soledad, que me envolvía en una sombra. Al igual que las manecillas del reloj —que nunca paran de dar vuelta—, los inviernos interminables, con su gélido abrazo, intensificaban la asfixiante sensación de aislamiento.

A medida que fui creciendo, el anhelo del calor familiar se tornaba palpable, mientras me daba cuenta de mi condición: una criatura solitaria atrapada en las paredes de una prisión que simulaba ser un hogar, privado de la libertad y el amor que todo niño merece.

Recuerdos… tan solo recuerdos… narran mi infancia marcada por la soledad y tortura emocional. Mi abuela, a la que con cariño llamaba "maa~ma", fingió ser mi tutora y mi cuidadora. Sin embargo, su presencia se convirtió en una fuente de sufrimiento. Ella, quien debería haber sido mi protectora y guía, se transformó en mi verdugo, plantando semillas de amargura en mi ser. Su semblante, siempre indescifrable, me observaba con menosprecio y repudio. Pronto, esa actitud sería el inicio de una pesadilla que se extendería por décadas. Al entrar en mi habitación, lo hacía con un gesto despectivo; era evidente la manifestación de rechazo por mí. Los abusos físicos y verbales se hicieron una constante en mi vida. Me golpeaba con crueldad cuando mis tíos no estaban en casa, utilizando un palo de escoba como su herramienta de castigo. Me pegaba sin razón ni motivo aparente, dejando en mí marcas imborrables de vulnerabilidad. Mis súplicas eran ignoradas, y mis reclamos, desoídos por mis tíos. Al final, era su progenitora y yo, un simple infante acogido por obligación.

Mis acusaciones eran consideradas mentiras, y era castigado de manera muy severa por atreverme a enfrentar su autoridad. Este capítulo doloroso dejó profundas cicatrices en mi alma, fomentando un odio y resentimiento que me aislaron del mundo. Incapaz de comprender la severidad y control que ejercía sobre mí, me sumergí en un abismo de desesperación. Observaba a través de la ventana a otros niños jugando felices en la calle, sintiendo una profunda tristeza por no poder ser igual que ellos. La televisión era un lujo prohibido para mí: era un privilegio. Mi abuela se deleitaba con sus novelas cada tarde; algunas veces tuve la autorización de acceder a algunos programas que ella y mis tíos disfrutaban, después de completar mis labores diarias. Mas no podía mirar nada que yo quisiera. Mis deseos de jugar con otros niños eran apagados; al pedir permiso, me respondían con un rotundo "No", acompañado de palabras hirientes que minaban mi autoestima.

El comienzo de la escuela no marcó el arranque de una etapa de aprendizaje y alegría, sino el inicio de una nueva pesadilla. Mi abuela, con una expresión penetrante y con palabras cargadas de amenazas, me obligó a callar, obligando a no decir nada a nadie. "Si le dices algo a alguien sobre lo que pasa aquí, te irá mucho peor", me repetía todas las mañanas antes de ir al colegio. El terror se apoderaba de mí, ahogando cualquier posibilidad de rebeldía o de confidencia.

En la escuela, me convertí en un niño solitario, un espectro entre mis compañeros de clase. Rodeado de risas y juegos, me sentía, un intruso en un mundo que no me pertenecía. el temor por ser ridiculizado por los educadores me paralizaba, y me impedía participar en las actividades y formar amistades. La campana que anunciaba el regreso a clases era un indicio de tormento. La idea de enfrentar a los maestros con su gesto inquisitivo y la posibilidad de descubrir las huellas del maltrato me llenaban de pánico. Las indicaciones de mi abuela las tenía presentes en mi memoria, advirtiéndome de las terribles consecuencias si alguien se enteraba de mi realidad. Así, me esforzaba por mantener la cabeza agachada, y pasar desapercibido para evitar cualquier contacto que pudiera exponerme. Por otra parte, también me orinaba en los pantalones al sentirme intimidado ante cualquier grito o situación áspera, revelando el terrible secreto que ocultaba. La vergüenza ante la vista de mis compañeros y las reprimendas de los profesores se sumaban al tormento interno que me consumía. Incluso, al despertarme por las mañanas, muchas veces me encontraba mojado, evidencia del trauma que me aquejaba. Luche por comprender la razón de tal dureza, sin encontrar respuestas que aliviaran mi pesar.

Con el paso de los días, el miedo se transformó en una resignación amarga. Me acostumbré al desamparo, y me convertí en un niño cada vez más aislado. Mis compañeros me veían igual que a un bicho raro, alguien con quien no era seguro interactuar. Yo, por mi parte, me esforzaba por mantenerme al margen, evitando cualquier contacto que pudiera exponerme a la burla. En mí albergaba un anhelo profundo de amor y aceptación. Muchas veces intenté acercarme a mi abuela, a fin de buscar un vínculo que llenara el vacío que me atormentaba. En una tarde, mientras el sol se filtraba por las cortinas de la sala, me acerqué a ella con timidez, intentando lograr esa conexión que aliviara mis heridas. La encontré sentada en su sillón favorito, tejiendo en silencio. La luz dorada del atardecer tocaba su rostro, contrastando la rigidez de su expresión con la calidez del entorno. Me acerqué con rapidez, con el corazón en la mano, esperando que me brindara un gesto de afecto, que sus ojos se suavizaran y me ofrecieran un destello de ternura:

—Abuela, ¿puedo hacer algo por ti? —pregunté en voz baja. Levantó la vista con una expresión de fastidio y de esquivez que me heló la sangre.

—¿Hacer algo por mí? —replicó con tono cargado de sarcasmo—. ¿Qué podrías hacer tú que me sirviera de algo? Si eres un bueno para nada… mejor vete y no me estés jodiendo.

El desconsuelo de sus palabras se clavó en mi pecho igual que una daga, pero me esforcé por mantener la compostura.

—Quería estar contigo, abuela. Pasar un rato juntos —insistí con voz temblorosa, anhelando un poco de afecto.

—¿Estar conmigo? —Soltó una carcajada burlona que me hirió hasta los huesos—. Tu presencia me arruina el día. ¡Por qué no te largas y dejas de amargármelo!

—Abuela, quería compartir tiempo contigo y sentirme cerca de ti —expresé, con mi voz ahogada por la emoción.

—¿Compartir tiempo? —repitió, mirándome con desprecio—. No necesito tu compañía. Eres un estorbo. ¡Mejor quítate de mi vista! ¡Desaparece, mal parido! ¡Desperdicio de baño!

Mis lágrimas amenazaban con brotar, pero no quería darle la satisfacción de verme llorar. Me di la vuelta paso a paso, sintiendo el peso de su repulsión en cada paso que daba.

—Perdóname, maa~ma —murmuré con la voz entrecortada—. Solo quería estar contigo.

Su respuesta fue un silencio gélido que llenó la habitación, evocando el peso de una lápida sepulcral. Anhelaba con todas mis fuerzas que alguien, un ángel salvador, apareciera y me sacara de ese infierno. Pero la única figura que se alzaba ante mí era la de mi abuela, desalmada, como una guardiana de la desdicha. A menudo me preguntaba:

"¿Por qué es tan severa? ¿Por qué no me ama? ¿Por qué me trata así?". Sus palabras, poco a poco, envenenaron mi ser, mi esencia, durante toda esa vida. En innumerables ocasiones, sus comentarios hirientes resonaban en mis oídos: "Eres un mantenido, un recogido, sin oficio ni beneficio". La escuchaba en silencio, quebrándose en pedazos mi interior, sin atreverme a responder. Continuaba con su hostigamiento verbal:

"Ni tu propia madre te quiso; por eso te abandonó. Ojalá fueras igual a tus primos… ellos sí de verdad valen la pena, pero tú… eres el mismo diablo en persona. Esa es mi cruz, y ni modo tengo que cargar con esta".

Las palabras de mi abuela eran dardos envenenados que se clavaban en mi interior, dejando heridas profundas e incurables. El desconsuelo que me embargaba era indescriptible; un resentimiento lacerante por ella comenzó a crecer dentro de mí. Anhelaba con todas mis fuerzas el regreso de mi madre, soñando con que me arrebatara de aquel infierno y me devolviera al espacio que nunca había tenido.

Sin embargo, a medida que los días se convertían en semanas y las semanas en meses, la ilusión se fue desvaneciendo como una vela al viento. La humillación constante y los abusos erosionaron mi espíritu, minando mi autoestima hasta convertirme en una sombra de mí mismo. Las frases "mantenido" y "bueno para nada" resonaban en mi mente como una letanía cruel, martillándome la voz de mi abuela.

Atrapado en una espiral de autodestrucción, me convencí de que no merecía ni afecto ni compasión. Me aislé del mundo, evitando cualquier roce que pudiera exponerme al rechazo. La soledad se convirtió en mi única compañera, y la tristeza en mi fiel amiga.

En la quietud de la noche, cuando el silencio se apoderaba de la habitación y las sombras alargaban su figura amenazante, las lágrimas brotaban sin control. Un sollozo ahogado escapaba de mi garganta, cargado de un sentir indescriptible. Las expresiones "Nadie me quiere, nadie me ama" retumbaban en mis oídos, como un eco confuso, alimentando un anhelo desesperado por el amor materno. Un grito silencioso, una súplica subía al cielo:

"¡Mamá, ¿dónde estás? ¡Mamá, te necesito! ¿Dónde estás?".

La imagen de mi madre, difusa por el paso de los años y por la distancia, se presentaba ante mí como un espejismo en el desierto. La anhelaba con tanta intensidad que me angustiaba en lo más profundo de mi ser. Deseaba sentir su abrazo cálido, escuchar su voz dulce y reconfortante, encontrar refugio en su regazo protector. Pero, en la realidad, mostró ser insensible. Mi madre no estaba allí. Me había dejado cuando era un infante de brazos, dejándome a merced de la fría apatía de mi abuela, una mujer despiadada. Aquella herida abierta sangraba noche tras noche, alimentando la tristeza en mis entrañas.

Una fotografía, enmarcada en un simple marco de madera, ocupaba un lugar de honor en la repisa de la sala. En esta, mi madre sonreía radiante; la observaba llena de sentimiento y ternura. Sus ojos brillaban con una luz que ahora parecía estar apagada para siempre. Cada vez que la miraba, la melancolía se intensificaba. Un torrente de emociones me invadía: ira, frustración, abatimiento. ¿Por qué me había abandonado? ¿Por qué no estaba con ella? ¿Qué había hecho yo para merecer esto? Gritaba cada noche en silencio:

"¡Dios mío, que mi mamá venga por mí, quiero que venga!

¡Ayúdame, por favor!

¡Mamá, te necesito! ¡Mamá, ven por mí!".

Capítulo 2: Reencuentro

Un día tras otro, sumido en la misma rutina insondable, con apenas seis años cumplidos, habitaba en un entorno marcado por la escuela, los golpes, los gritos y los maltratos. Una tarde, de forma inesperada, el timbre irrumpió en la monotonía del día mientras realizaba mis tareas escolares. Me levanté presuroso, intrigado por una inusual visita a esa hora. El timbre sonó varias veces, cada vez más insistente, parecía un llamado urgente que no podía ignorar. Salté de la mesa y me dirigí hacia la puerta, latiendo mi corazón con mucha curiosidad y nerviosismo. Abrí con cautela, asomando mi pequeña figura por la ranura. Y, para mi mayor sorpresa, ocurrió algo que jamás imaginé: ¡ahí estaba mi madre frente a mí! Un simple "Sí" de su parte confirmó en mi alma que era ella, la mujer que conocía por aquella fotografía que siempre adornaba la pared de la sala.

No llegó sola: detrás de ella caminaba una figura masculina que no era mi padre. Recuerdo con gran intensidad la gran sorpresa e inmenso gozo que recorrieron todo mi cuerpo. No podía dejar de mirarla, asimilando su presencia, grabando cada detalle en mi memoria. Era la primera vez que la veía en persona. Su imagen era idéntica a la de la foto; ahora la estaba viendo en movimiento, con la posibilidad de escuchar su voz y de sentir su abrazo. Era un sueño hecho realidad, un anhelo cumplido después de una larga espera.

El encuentro con mi madre marcó un antes y un después en mi vida, que me llenó de una alegría indescriptible. En ese instante, todo mi ser latía con una fuerza desconocida; lágrimas de felicidad brotaban sin poder contenerlas. ¡Sentía que el mundo se detenía, que en ese preciso momento solo existíamos ella y yo! Deseaba recuperar lo que se había perdido, así que corrí hacia ella, le extendí los brazos con anhelo, deseando oír su voz, probar su abrazo, sentir esa ola de calidez y de amor que me envolviera. No obstante, experimenté un abrazo frío y distante, su mirada sin brillo, un puñal que atravesó mis entrañas. Sus palabras me helaron el alma.

—¡Hola, hijo! ¿Cómo estás? ¿Cómo has estado? ¿Cómo te has portado? —me saludó con cierta frialdad que me desconcertó.

Yo, aún emocionado por su presencia, le respondí con entusiasmo:

—¡Bien, bien, sí que me he portado muy bien!

—Qué bueno, me alegro —aprobó con desgana—. ¡Me da gusto verte! Mira, este es Richard. Era su nueva pareja, un hombre vividor y jugador de billar, al igual que mi verdadero padre, según me enteré más tarde.

—¿Qué tal, ¿cómo estás? —saludó él con una mueca sarcástica.

—Hola, soy Alex —me presenté con timidez. Richard le susurró algo a mi madre en voz baja, con una expresión burlona en el rostro. No pude entender lo que dijo, pero sentí un aguijón de incomodidad. —Apártate, hazte a un lado, ¿no ves que estamos cansados? —me ordenó él con tono brusco. Al instante, les abrí paso, sintiendo una pequeña punzada de decepción, pero no le di tanta importancia.

—¡Vamos, entren! ¡Te amo, mamá! —expresé muy emocionado, lleno de una felicidad que contrastaba con su frialdad. Ella entró en la antesala, sin cambiar su expresión en lo más mínimo. Me miró de reojo y me respondió con voz monótona:

—Sí, sí, yo también te amo. Ahora dime, ¿dónde está tu abuela?

—Está en el jardín, en la parte de atrás, mamá. ¿Quieres que la llame?

—¡Ay, Dios!, apenas entrando y ya con preguntas incoherentes.

Sí, ve ahora.

—Ya voy; ya le aviso que están aquí. Corrí hacia el jardín, saltando y gritando de alegría por la aparición de mi madre. Llegué hasta donde estaba mi abuela y exclamé con entusiasmo:

—¡Abuela! ¡Mi mamá está aquí! ¡Ven pronto!

—Ya voy, ve a verla —respondió ella, con una voz llena de emoción. Mi abuela se hizo presente en la sala y, al verla, mi madre corrió hacia ella y se abrazaron en llanto. "Te he extrañado tanto, mamá", le dijo mi madre entre sollozos. Mi abuela la acariciaba con ternura y le susurraba palabras de consuelo. Luego, mi madre le presentó a quien la acompañaba. "Este es Richard, mi pareja", se lo presentó con una sonrisa. Richard le estrechó la mano con firmeza y le dedicó un abrazo lleno de afecto. Se sentaron a conversar con entusiasmo, mientras que a mí me enviaron a mi habitación con la excusa de que la conversación era exclusiva para adultos. La impaciencia por estar con mi madre me consumía.

No podía creer que, después de tantos años, por fin la tenía frente a mí. Quería contarle todo lo que había vivido, compartir mis sueños y anhelos, escuchar su voz y sentir su abrazo. Salí sigilosamente de mi habitación y me asomé a la sala. Mi pecho latía con fuerza. Los observaba en silencio, tratando de absorber cada detalle de ese encuentro tan esperado. Mi mamá reía con ganas, algo que contemplaba por primera vez. Se veía feliz y radiante.

De repente, mi madre me miró y me habló con voz autoritaria:

—Quiero descansar un poco. ¿Puedes traerme un vaso de agua?

Corrí a la cocina, emocionado por poder hacer algo por ella. Era la primera vez que me pedía algo. Regresé apresurado con el vaso de agua en la mano y se lo entregué.

—Gracias —me dijo, tomando el vaso sin mirarme.

Me quedé allí, esperando algún gesto de cariño, una palabra amable, pero nada más recibí su desinterés. Sentada en el sofá, bebió el agua y cerró los ojos, sentí que mi presencia no le importaba en absoluto. Un nudo se formó en mi garganta, y mi vista se llenó de agua. La alegría que había sentido unos minutos antes se desmoronó en un instante. Me di cuenta de que mis deseos de recibir palabras y gestos de amor habían sido en vano.

No escuché un "Te amo", "Me haces falta", "Pienso en ti", "¡No sabes cuánto te he extrañado!".

Todo fue silencio. Esas semanas fueron un punto de quiebre en mi personalidad. La actitud distante de mi madre me endurecía y me enseñó a no esperar nada de nadie. Durante su estancia, observaba cómo reían y compartían espacios que parecían estar disponibles para ellos, mientras yo permanecía al margen, jugando con mis escasos juguetes, tratando de comprender por qué el amor que buscaba no llegaba. El sentimiento de desaprobación se acumulaba, creando una barrera invisible entre mí y quienes me rodeaban. Las palabras de mi abuela resonaban constantes en mis pensamientos, confirmando que mi madre no sentía amor por mí. Con el paso de los días, la distancia entre mi madre y yo se hacía más grande. Ella mostraba poco interés en mí, en mis actividades y en mis sentimientos.

Su cónyuge me trataba con altivez, a veces incluso con un toque de hostilidad. Me sentía un extraño en mi propio techo, una presencia no deseada. En el seno de nuestro hogar, el compañero de mi madre era atendido con una calidez que rozaba lo íntimo y con una humedad palpable en el aire. Mamá lo envolvía en un amor profundo y arrebatador que se manifestaba en cada detalle, desde las comidas elaboradas con esmero hasta las tardes apacibles compartidas en la terraza. Recuerdo con nitidez una tarde, empapada por la lluvia, tras una ardua jornada de trabajo para Richard, el cual había realizado el mantenimiento del jardín. Mamá lo acogió en el umbral con un abrazo reconfortante y con una sonrisa radiante que humedecía sus ojos.

—¡Terminaste, mi amor! ¡Te mojaste, mi cielo! Ya preparé la ducha y también he preparado algo especial para la cena —exclamó con una exuberancia contagiosa. Su voz estaba impregnada de una dulzura que la electrizaba. Richard correspondió al abrazo con afecto y respondió: "Llego con un hambre feroz, y sé que tu sazón, siempre, será invaluable y delicioso". Sus palabras, aunque sencillas, poseían el poder de transformar el aire y entorno de mi madre. Se reunieron en torno a la mesa, y decidí acompañarlos, pues solo ella preparaba comida para ellos dos, mientras yo debía comer con la abuela y los tíos, quienes no querían que compartiera con ellos.

Esa noche, mamá sirvió su famoso estofado, un platillo que Richard gustaba con evidente deleite. Mientras saboreaban la cena, mamá y Richard entablaban una conversación animada, compartiendo anécdotas del día y esbozando planes para el futuro, fortaleciendo, así, el vínculo que los unía. Yo intentaba participar en la dinámica, pero mis aportes eran recibidos con desaprobación o respondidos con palabras cortantes, relegándome a la condición de un espectador invisible en su universo iluminado. Cada palabra, cada gesto cómplice entre ellos era una daga afilada que se clavaba en mi corazón, intensificando mi sensación de resentimiento. Me encontraba atrapado en una tormenta de emociones encontradas, incapaz de escapar del veneno de la indiferencia que me envolvía por completo. En silencio, observaba cómo Richard y mi mamá se entregaban a su amorío particular, ajenos al dolor silencioso que me consumía. En ese instante, comprendí con amargura que yo era para ellos un mero intruso invisible, una sombra desdibujada en el cuadro de su felicidad perfecta. Un nudo de tristeza se alojó en mi garganta, impidiéndome articular palabra alguna. Me levanté de la mesa con el corazón consternado y me refugié en la soledad de mi habitación, donde las lágrimas brotaron incontenibles, liberando la tormenta de emociones que me ahogaba.

En cierta ocasión, mi madre me llevó a la panadería con ellos. Estaba emocionado y orgulloso de acompañarlos a comprar el pan para la cena. Se me antojó un pastelito relleno de crema, pero se negaron a comprármelo. Insistí... con esa voz temblorosa que solo un niño puede tener cuando su corazón está lleno de esperanza y su estómago de antojos:

—Mamá, ¿me puedes comprar un pastel de crema? Es que se me antojó.

Era un simple niño que anhelaba un pequeño capricho, algo dulce que pudiera endulzar, aunque fuera por un momento, el sabor amargo de sentirme invisible. Pero ella solo me miró con esa expresión que ya conocía demasiado bien, una combinación de impaciencia y distracción, como si mis palabras fueran un eco lejano que no merecía su atención. Richard, enfurecido, me fulminó con la vista y, con sus manos descomunales, me propinó una sonora bofetada, que me dejó la boca ardiendo y el alma herida. La expresión imponente de ese malhechor acrecentó mi temor. Escuché a mi madre decirle:

"¡Mi amor, déjalo en paz, Richard! ¡No es necesario que te pongas así, no quiero que te enojes!". Pero Richard no la escuchó. Me agarró del brazo con fuerza y me sacó a rastras de la panadería, como si fuera un animal. Las humillaciones y el maltrato se convirtieron en algo cotidiano. A esto mi madre le respondió:

—¡No le pegues, mi cielo hermoso! ¿Qué pensarán mi madre y mi familia de ti?

Mi agresor, con una carcajada burlona, observándome con desprecio, le respondió: —¡Necesita aprender a ser hombre!

A decir verdad, esas palabras estaban muy lejos de la realidad. Como víctima, anhelaba con toda mi alma que alguien me defendiera de ese malhechor. Cuán grande fue mi sorpresa cuando, en lugar de ofrecerme consuelo y protección, mi madre, la cual observó mi rostro tras el golpe, trató de restarle importancia al hecho. Con una frialdad que me produjo escalofríos, me tomó la barbilla y me miró como si evaluara un objeto:

—No te ha dejado marcas —reconoció con voz indiferente—. Todo está bien. No te ha pasado nada. Vámonos a la casa. Encaminados, con el pan para la cena, en un intento de apaciguar su aparente enojo, me compró una gorra de dibujos animados en un puesto ambulante junto a la panadería. Luego, se inclinó hacia mí y me susurró al oído, a modo de advertencia:

—No le cuentes a nadie que Richard te pegó. Ni a tu abuela, ni a tus tíos, ¿entendido? Confundido y aterrado, pude solo decir:

—Sí, mamá, lo siento, perdóname.

—Está bien, no pasa nada. Mantén la boca cerrada —respondió con la misma frialdad. Esas fueron sus únicas palabras ante la injusticia que acababa de presenciar. Por su parte, Richard me observó con una mueca burlona y escupió al suelo como si fuera un ser despreciable. Desde ese desafortunado día, comencé a ver la vida igual que una batalla constante, una lucha por sobrevivir en un entorno hostil y desprovisto de compasión y de amor.

Hubo un día que nunca he podido olvidar. Era mi cumpleaños. Me había despertado temprano, con ese cosquilleo en el estómago que solo un niño puede sentir cuando sabe que es su día especial. Había esperado todo el día, imaginando cómo sería: el pastel, las velas, su abrazo, su "te quiero". Pero cuando llegó la noche, todo fue diferente. Él llegó a casa con un regalo para ella, algo pequeño, insignificante, pero ella lo recibió como si fuera el tesoro más valioso del mundo.

Yo me quedé allí, con mi pequeño pastel y mis globos, sintiendo que mi felicidad no era más que una sombra de la suya.

—Mamá —le dije, con una voz tan temblorosa que apenas me reconocí—, ¿puedes ayudarme a soplar las velas?

Ella me miró, pero no con esa mirada tierna que tanto anhelaba. Fue una mirada rápida, casi molesta, como si yo estuviera interrumpiendo algo importante.

—Ahora no, cariño —dijo, volviéndose hacia él—. Estamos ocupados.

Esas palabras, "ahora no", se convirtieron en un eco constante en mi vida. "Ahora no" cuando quería que me leyera un cuento. "Ahora no" cuando quería que me abrazara. "Ahora no" cuando solo necesitaba que me mirara. Y así, poco a poco, me fui acostumbrando a su ausencia, a su indiferencia. Pero lo que más me dolía no era su falta de atención, sino la forma en que me miraba cuando estaba con él. Era como si yo fuera un estorbo, un recordatorio de una vida que ella ya no quería.

También recuerdo las noches en que ella se sentaba en el sofá, riendo con él, compartiendo risas y miradas que yo no entendía. Yo estaba allí, sentado en el suelo, con mis juguetes entre las manos, pero mi atención nunca estaba en ellos. Estaba en ella, en cómo su sonrisa se iluminaba cuando él hablaba, en cómo sus ojos brillaban de una manera que nunca brillaban por mí. Yo era invisible, un fantasma en mi propia casa.

La traición de mi madre y los abusos de su pareja dejaron huellas profundas en mi ser, cicatrices que quedaron grabadas en mi memoria. No podía comprender por qué mi madre, quien debía protegerme, había permitido que Richard me lastimara. Sentía que mis entrañas se hubiesen roto en mil pedazos.

A partir de ese entonces, empecé a ver a mi madre de manera diferente. La imagen de la madre cariñosa y atenta que había imaginado durante tanto tiempo fue reemplazada por una figura de indolencia y frialdad. Mi confianza en ella se hizo añicos y, en su lugar, de manera significativa creció la semilla de odio y de resentimiento que se arraigaría por muchos años en contra de ella. Las preguntas se arremolinaban en mí:

¿por qué me había abandonado cuando era un bebé?, ¿por qué había elegido a Richard por encima de mí?, ¿por qué no me amaba igual que otras madres aman a sus hijos?.

Estas interrogantes me atormentaron día y noche, envenenando mis pensamientos y mis sentimientos. Me convertí en un chico retraído y malhumorado, negado a abrirme con nadie. Construí un muro a mi alrededor, decidido a protegerme de la penuria y del tormento.

Capítulo 3: Abandono

Así transcurrieron algunas semanas, que se convirtieron en una eternidad marcada por la rutina y por la desolación. Richard, con su actitud déspota con una mirada llena de desprecio, me convertía en un simple recadero, obligándome a comprar sus cigarrillos y a realizar todo tipo de encargos. Sus palabras eran similares a dardos que perforaban mi alma y me herían con cada frase inevitablemente. Todas las mañanas, sin falta, se levantaba al mediodía, después de disfrutar de un desayuno preparado con esmero por mi madre, quien parecía no darse cuenta del maltrato que me producía. Con aire de suficiencia, anunciaba:

"Voy a trabajar; ya regreso". Yo sabía que su "trabajo" era muy distinto al de las personas que conocía. Richard frecuentaba los casinos, donde, según decían, era un jugador habilidoso que apostaba con temeridad. Esa era su vida, su única ocupación, y yo era un estorbo en su camino. Su presencia me intimidaba. Su actitud gélida y su aura de odio me llenaban de temor. No cruzaba palabra conmigo; solo me dirigía breves expresiones de hostilidad. Mis intentos por llamar su atención y por ganarme su afecto eran en vano. Él parecía no verme, cual si fuera un fantasma invisible en mi propia casa. A pesar de mis esfuerzos por ganarme el amor de mi madre, ella también me hacía sentir despreciable. Su mirada se centraba en Richard, con quien compartía risas, atenciones y momentos de complicidad. Era como si estuvieran en su propia luna de miel, ajenos a la pena que me causaban.

El día que mi madre se fue, llegó como un golpe bajo, e hirió mi corazón con una crueldad inimaginable. Ya no era un bebé de brazos, como en la primera ocasión, pero la herida seguía siendo profunda y lacerante. Era un sábado por la mañana, después del último día de clases antes de las vacaciones. Mi abuela, con un rostro serio y preocupado, me informó que debían marcharse de inmediato por asuntos urgentes. Sus maletas, ya preparadas en la puerta, parecían burlarse de mi destino. Escuché la voz de mi madre, tan fría como el hielo:

—¡Hijo, tengo que irme! Me dio gusto verte. ¡Pórtate bien!¡Obedece a tus tíos y a tu abuela!

Mis ojos se empaparon de lágrimas. Sentí cómo mi espíritu era atravesado por el infortunio.

—¡No te vayas, mamá, no te vayas! —le supliqué con desesperación. Temblando de angustia, sentía cómo mis entrañas se desgarraban por el sufrimiento. Su respuesta fue un eco vacío, Era un impacto cruel, que me dejó sin aliento.

—No es posible, Alex, debemos irnos: es tardísimo —respondió con indiferencia. La abracé con fuerza; me aferré con desesperación a su cuello: no quería dejarla ir. De manera brusca soltó mis brazos y con un gesto frío me alejó de ella. Sus palabras sonaban en mi memoria, en una sentencia de abandono. Otra vez insistí:

—¡Mamá, no te vayas, no me dejes, por favor! ¡Llévame contigo, te lo suplico! Te prometo que me voy a portar bien: seré un buen niño. No me dejes…

En ese instante, Richard fijó su vista en mí, con una mirada de odio. Su voz sonó furiosa:

—¡Ya vámonos, tenemos que irnos!

—¡Sí, corazón mío ya voy, dame un minuto! —respondió mi madre.

—¡Pues apúrate, mira la hora! ¡Nos va a dejar el autobús!

—¡Sí, ya voy, ya voy! —dijo ella.

Mi madre, con una mirada que intentaba persuadirme, añadió:

—Volveré pronto; te lo prometo.

En el fondo, sabíamos que esas palabras no eran verdad: era una promesa que no se cumpliría. Los observé partir, con sus maletas en mano, sin mirar atrás ni una sola vez. Sentí cómo una parte de mí se moría con ellos, cómo la esperanza se desvanecía en el horizonte. El sonido de la puerta al cerrarse detrás de ellos resonó como un estruendo en mi pecho, marcando el inicio de una nueva y cruda realidad. Se habían ido sin mirar atrás, sin una muestra de cariño. Corrí hacia la ventana con la esperanza de que mi madre se arrepintiera, de que regresara por mí, pero la imagen que me esperaba era desoladora: ya no estaban.

Me desplomé en un abismo de agonía. La dura realidad me golpeaba con fuerza: yo no era importante para ella. La había perdido una vez más, y esta vez la herida parecía más profunda, más irreparable. Me encerré en mi habitación, desconsolado, con un sentimiento que jamás había experimentado antes. En medio de mi tristeza, la abuela entró al cuarto con una expresión fría y burlona. Sus palabras hirieron mi alma:

"¿Ves que ni tu propia madre te quiere? Qué bueno que te dejó tu madre, malparido… Eres un estorbo… un error".

Sus palabras hirientes me dejaron sin voz, sin lágrimas, sin nada. Solo podía guardar silencio mientras la agonía me consumía por dentro. Ese dolor era una bestia feroz que me devoraba por dentro, sin piedad.

Los días siguientes transcurrieron como una pesadilla. Me encerraba en mi habitación, negándome a hablar con nadie. La comida me asfixiaba, el sueño me eludía. Mi cabeza era un remolino de emociones negativas: abandono, rencor y aflicción. Mi tío Henry y yo compartíamos la misma cama, así que me escondía debajo de esta, porque pensaba que afuera había un monstruo que quería devorarme. Ese monstruo, creado por mi inconsciente infantil, representaba todo el trauma psicosomático que estaba sufriendo. Allí, bajo la cama, me sentía a salvo, aunque ello fuera una ilusión. Las sombras de la habitación parecían más amigables que la realidad exterior. Me acurrucaba allí, con la esperanza de que el monstruo no me encontrara.

Pero, un día, fue descubierto mi lugar de refugio. Palo en mano, el monstruo castigador me sacó de la trinchera, casi desmayado de tantos golpes. Sus palabras martillaban mis oídos: "¡Eres un malnacido! ¡Nunca vas a llegar a ser alguien en la vida! ¡Jamás hubieras nacido, desperdicio del baño!".

Sus golpes caían sobre mí en una lluvia de látigos, hiriendo mi cuerpo y mi alma. Me sentía pequeño, vulnerable, indefenso. Apenas tenía siete años, y ya había experimentado demasiada humillación.

Las palabras de mi abuela se grabaron a fuego en mi memoria, y se convirtieron en una profecía autocumplida. En ese momento, perdí la esperanza en el futuro. Creí que nunca podría ser alguien, que estaba condenado al fracaso y al desprecio. Mi refugio bajo la cama se había derrumbado, dejando al descubierto la cruda realidad de mi existencia. La oscuridad ya no era mi amiga, sino una enemiga inflexible que me perseguía sin tregua.

Mi tío Henry, con su aire de falsa autoridad, asumió el papel de tutor, fingiendo adoptar una figura paterna que nunca llegó a serlo. En el fondo, su presencia era más simbólica que real, una máscara que ocultaba su desconexión y su desinterés por mi bienestar. Su hermano, conocido por el sobrenombre de "Manolín", "El rey de la casa", reinaba con holgazanería y arrogancia. Ya entrado en sus treinta años, era el protegido de la abuela. Sin empleo ni oficio alguno, vivía a expensas de su madre. Era tratado como el monarca de la casa, con todos los lujos, atenciones y privilegios. No movía un dedo para recoger sus platos o lavarlos, y exigía un trato especial en la comida; rechazaba con desaire comidas tan simples como el pollo, mientras su madre debía prepararle cualquier otro platillo digno de su hijo. La desigualdad en el trato era evidente y humillante. Mientras que Manolín disfrutaba de lujos y comodidades, yo me conformaba con las sobras, tanto en la mesa, tanto en el afecto. Los días en casa eran un reflejo de la profunda división que reinaba entre nosotros.

Manolín disfrutaba de largas siestas en el sofá, sin preocuparse por nada. Mientras tanto, yo me afanaba en las tareas encomendadas, sin recibir ni una palabra de agradecimiento ni un gesto de cariño. La abuela, ciega por su amor por su hijo consentido, me miraba con desaprobación cada vez que me tomaba un descanso, de igual forma que si yo fuera un vago que no merecía ni un minuto de paz. Las noches eran aún más difíciles. Confinado a mi habitación, escuchaba desde la cama las risas y conversaciones de Manolín, Henry y la abuela, una familia que parecía no tener lugar para mí. Me sentía un intruso, un extraño invisible en un mundo que giraba en torno a los caprichos de mi tío y a la complacencia de mi abuela. Una mañana, mientras limpiaba el cuarto con diligencia, el sonido de la voz de Manolín irrumpió en la quietud de la casa.

"¡Otra vez pollo!" —exclamó con altivez y desaire—.

¿Es que no hay nada mejor, —cuestionó, como si fuera una ofensa personal—. "¡Sabes que no me gusta el pollo!"

Mi abuela, sin perder un instante, se apresuró a atender sus quejas, dispuesta a preparar cualquier otro manjar que satisficiera el paladar exigente de su hijo consentido. Observé la escena desde la puerta de la habitación, sintiendo una combinación de melancolía y resignación. Era una imagen que se repetía con frecuencia, un reflejo de la profunda desigualdad que reinaba en nuestro hogar. Sabía que, sin importar cuánto me esforzara, mi dedicación y mis esfuerzos nunca recibirían el mismo reconocimiento ni las mismas atenciones que las que recibía Manolín. Me sentía un fantasma invisible en un mundo que giraba en torno a los caprichos y exigencias de mi tío. A veces, cerraba los ojos con fuerza y soñaba con un lugar lejano, un refugio donde pudiera ser valorado y querido, un espacio que pudiera florecer sin el peso del desprecio.

En medio de tanto abatimiento, Henry, aunque distante y con una presencia a menudo simbólica, tenía sus escasos momentos de humanidad. Un fin de semana, me llevó al garaje y me enseñó a usar algunas herramientas. "Esto es importante, Alex —me dijo con cierto interés, que rara vez mostraba—. Nunca sabes cuándo necesitarás arreglar algo por ti mismo". Estos pequeños gestos, aunque escasos, eran destellos de luz en la oscuridad, recordatorios de que no todo estaba perdido, de que aún había rastros de bondad en este mundo.

Manolín, por otro lado, parecía disfrutar al máximo de su posición de privilegio. No solo se quejaba por la comida, sino que también exigía que su ropa fuera lavada y planchada a la perfección. "No puedo salir con arrugas en la camisa", afirmaba con arrogancia, como si su apariencia impecable fuera la clave de su éxito. Mi abuela, siempre dispuesta a complacerlo, se apresuraba a cumplir con sus caprichos, mientras yo me conformaba con lo que quedaba, sintiendo cada vez más el peso de la apatía.

En mi pequeño mundo, rodeado de las paredes de mi habitación, soñaba con un futuro diferente, un futuro donde el amor y la justicia fueran la base de la convivencia. Anhelaba un lugar donde pudiera ser valorado por quién era, y no por lo que tenía o por lo que podía ofrecer a los demás. Soñaba con un espacio donde pudiera florecer sin desprecio, donde pudiera encontrar el amor que tanto anhelaba. Un día, mientras barría el patio bajo el sol ardiente, la voz de Manolín irrumpió en la quietud soleada. Hablaba con un amigo que lo había visitado, jactándose de su holgazana existencia. "Este lugar es un paraíso —presumía con arrogancia—. No tengo que hacer nada y todo está a mi disposición". Sus palabras resonaron en burla, un recordatorio constante de mi propia situación.

Para Manolín, yo era una sombra, un ser invisible que no merecía ni su atención ni su respeto. Me miraba con indiferencia, considerándome una molestia, una carga para la familia. Que irónico… él, el que vivía a expensas de la generosidad de mi abuela, me veía como el "mantenido", el que no aportaba nada al hogar. En cada oportunidad, me menospreciaba, llamándome "afeminado" y lanzándome burlas que me hacían sentir pequeño e insignificante. "Cuando seas grande, serás un maricón", repetía con una apatía maliciosa, disfrutando de mi dolor y de mi humillación. Sus insultos eran navajas que cortaban mi esencia, dejando profundos cortes que tardaban en sanar. Cada vez que surgía la oportunidad, la violencia se convertía en su forma de expresión. Me golpeaba en la cara sin piedad, y me dejaba los labios hinchados y mi rostro enrojecido por sus golpes. Yo, incapaz de detener su salvajismo, Era como un ave que anhelaba volar, pero tenía las alas rotas.

La impotencia y la frustración me consumían. Me sentía atrapado en una jaula invisible, sin escapatoria del tormento que vivía día tras día.

En la escuela, intentaba ocultar las marcas que dejaban sus golpes. Me ponía cuellos altos o me inventaba excusas torpes para explicar los moretones. Mis compañeros no preguntaban mucho; quizá intuían que había cosas de las que no quería hablar. Pero a veces, cuando me miraban con lástima, sentía que la vergüenza me quemaba por dentro. No quería su compasión. Quería ser fuerte, aunque por dentro me sintiera hecho pedazos. A pesar de todo, había algo dentro de mí que se negaba a rendirse. Tal vez era la esperanza de que, algún día, las cosas cambiarían. O tal vez era simplemente el instinto de supervivencia, esa vocecita interior que me decía que no podía dejar que esto me venciera. Soñaba con el día en que podría mirarlo a los ojos sin miedo, en que podría decirle todo lo que llevaba guardado en el corazón. Soñaba con el día en que podría ser libre, no solo de él, sino de todo el dolor que había acumulado.

En medio de la oscuridad, me quedaba la esperanza de un futuro diferente, un futuro donde pudiera ser libre de la opresión y de la violencia. Soñaba con un lugar donde pudiera encontrar paz y seguridad, un lugar donde pudiera ser quien era, sin temor a ser juzgado o lastimado.

Capítulo 4: Descuido

Cada fin de semana, junto con mi tío Henry emprendíamos una peregrinación al Club Deportivo Alpha, un oasis de esparcimiento familiar donde el bullicio de las actividades deportivas se entremezclaba con el chapoteo de las piscinas y con las risas infantiles. Los campos de fútbol, baloncesto y tenis se levantaban escenarios de épicas contiendas, mientras que las duchas, cual manantiales refrescantes, lavaban el sudor de las batallas ganadas y perdidas.

Un domingo por la mañana, mientras el sol acariciaba con sus rayos dorados las copas de los árboles, nos dirigimos a las duchas ubicadas junto al cuarto de vapor. El agua caliente caía sobre nuestros cuerpos como una cascada de bienestar, aliviando el cansancio acumulado durante la semana. Sin embargo, un silencio inexplicable se apoderó del lugar, y rompió el habitual bullicio. Al abrir mis ojos, descubrí con desolación que mi tío

Henry había desaparecido, con cierto misterio que rodeaba su partida. Impulsado por la curiosidad, me aventuré a explorar los vestidores; mis pies resonaban en el silencio, cual ecos de un presagio siniestro. Supuse que podría estar ahí.

A lo lejos, divisé una figura entregándose a actos indecorosos; la impresión de lo desconocido me envolvió; no podía procesar aquella escena, pues nunca había presenciado tal cosa. Su instinto libidinoso, desatado, ajeno a mi conciencia. Se encontraba desnudo, tocando su miembro varonil con sus manos. Se estaba masturbando, sin importarle haberme dejado en las regaderas. Lleno de confusión, me di la vuelta y regresé al lugar donde me había dejado. La inocencia de mi niñez se vio afrontada con la cruda realidad del mundo adulto, una realidad que jamás hubiera imaginado. Mis pasos resonaban en el silencio del baño; mi entendimiento se esforzaba por encontrar una explicación de lo que estaba ocurriendo. Traté de razonar, pero mis pensamientos se perdían en un laberinto de dudas.

¿Por qué se había ido? ¿Qué estaba haciendo? ¿Acaso no le importaba? Las preguntas se arremolinaban en mi cabeza, sin encontrar respuesta alguna. Mis pasos avanzaban lentos y dubitativos hacia los grifos de agua. De pronto, una bocanada de aire caliente me envolvió al pasar junto al cuarto de vapor. El humo que salía por debajo de la puerta despertó mi curiosidad. Sin pensarlo dos veces, me detuve y abrí la puerta con recelo. Al entrar, un calor húmedo me abrazó.

Un grito desgarrador, impregnado de dolor y terror se escapó de mis labios. Sin darme cuenta, había abierto la llave del vapor, lo que provocó que una lluvia ardiente calcinara mi piel. El descuido de un instante transformó mi infancia en un infierno interminable. Cada roce, cada movimiento, cada respiración era una tortura insoportable. Arropado en una toalla, mi tío Henry abandonó el lugar con la celeridad de quien huye de la escena del crimen, dejando tras sí un reguero de culpabilidad y el desgarrador lamento de un niño traicionado. La inocencia manchada, la confianza rota, cicatrices físicas y emocionales que enmarcaron mi existencia. Henry se marchó apresurado del lugar, temeroso de la repercusión legal de sus actos.

Mi abuela, presa del terror, decidió no llevarme al hospital. El miedo a las autoridades superaba su preocupación por mi salud. Optó por remedios caseros ancestrales: un bálsamo de hierbas y ungüentos para aliviar mi agonía. El penetrante aroma de las plantas medicinales se mezclaba con el hedor del alcohol, que limpiaba y desinfectaba las heridas de las piernas, el estómago, y otras áreas de mi cuerpo. La aplicación era un tormento, una danza macabra entre el ardor y el consuelo, que me arrancaba gritos desesperados. Con voz temblorosa por el nerviosismo, intentaba consolarme con palabras de aliento, mientras me susurraba a diario: "¡Vas a estar bien, vas a estar bien!". Luego se volteaba para preguntarle a Henry:

—¿Qué vamos a hacer si esto se complica?

Henry, por su parte, se defendía con insistencia:

—Se va a poner bien, no te preocupes. No fue mi culpa; yo me adelanté a vestirme y él se regresó al cuarto de vapor.

—¿Qué vamos a hacer si esto empeora? —insistía ella, con un gesto cargado de zozobra. Henry se escudaba en excusas, insistiendo en su inocencia, ajeno al caos que había desatado en mi ser.

Las noches eran un calvario interminable. El sueño huía de mis ojos, y cada movimiento se transformaba en una agonía. Empapado en sudor, ardiendo la piel como brasas, me revolvía en la cama, buscando un refugio ilusorio de la pena que me consumía. Mi abuela, llena de incertidumbre, se sentaba a mi lado para cambiar las vendas y aplicar más ungüento; me cantaba canciones de cuna para calmarme, mientras yo luchaba por contener los gritos desesperantes. Días convertidos en semanas, y semanas en meses. La recuperación avanzaba a pasos de tortuga, con cada paso marcado por una punzada de dolor. Las cicatrices, físicas y emocionales, se grabaron a fuego en mi piel y en mi alma… un recordatorio permanente del descuido de alguien a quien no le importaba. El suplicio no se limitaba a las noches. Durante el día, mi piel, lacerada por las quemaduras, se sentía desgarrada ante cualquier intento de levantarme. Mi abuela se convertía en mi ejecutora durante el día, obligándome a caminar a pesar del ardor insoportable. Los días transcurrían, y yo postrado en mi cama, luchando por sanar los perjuicios causados en mi ser. En definitiva, el tiempo voló. De repente; la voz de mi abuela, antaño un refugio de amor ahora era un eco de rencor y desprecio. Sus palabras, dardos envenenados, que penetraban en el centro de mi ser, y confirmaban el profundo abatimiento en que me encontraba. "¡Al fin se sanó este; no se murió! ¡Gracias a Dios… ni el mismo diablo lo quiere!", exclamaba, con su voz cargada de una amargura que helaba mi espíritu. Al instante sacaron una botella y hubo una gran celebración organizada en mi honor, cual farsa grotesca. Mis tíos, con risas hipócritas grabadas en sus rostros, levantaban sus copas brindando por mi "recuperación", mientras que sus instintos ocultaban una profunda indiferencia, asemejándose a hienas que celebraban la supervivencia de su presa, sin sentir la más mínima compasión.

—Ya no descuides al engendro —le ordenaba mi abuela con dureza—. Por favor, no quiero que nos metamos en problemas por culpa de este malnacido.

Sus expresiones eran una sentencia de muerte, un recordatorio constante de que no era bienvenido en esa casa hostil.

—¡Sí, ya entendí!, te repito que yo no tuve la culpa que se hubiera ido de regreso al cuarto de vapor —se justificaba Henry para no aceptar la culpabilidad que lo acosaba. Tras un largo encierro que parecía una eternidad, el momento de la celebración había llegado.

—Haz los preparativos, Henry —ordenó mi abuela con su voz autoritaria que no admitía réplicas. La casa se transformó en un ajetreo de actividad. El aroma de platillos tradicionales, heredados de generaciones pasadas, inundaba el aire mientras las tías cocinaban con fervor, contagiadas por el entusiasmo de la fiesta. Los niños correteaban de un lado a otro; sus risas cristalinas resonaban por toda la casa, contagiando a todos con su alegría incontenible. Henry, aunque aún cargaba con el peso de la culpa por el accidente que me había marcado para siempre, se encargaba de las decoraciones, colgando luces de colores y preparando el patio para la celebración. A pesar de los ásperos comentarios de mi abuela, un aire de falsa tranquilidad flotaba en la casa. La tensión que había reinado durante el último tiempo, una nube oscura que amenazaba con devorarlo todo, comenzaba a disiparse, dando paso a la expectativa de una noche de música, risas y baile. Sin embargo, en medio de la algarabía general, yo me sentía semejante a un extraño, un intruso en mi propia casa. Sabía que mi recuperación era el motivo de la fiesta, la razón por la que todos celebraban, pero las cicatrices físicas y emocionales que me marcaban a fuego no desaparecerían con facilidad. Observaba a mi familia desde un rincón, de la misma manera que un espectador invisible en una obra de teatro. Manolín, el payaso por naturaleza, era el centro de atención, narrando historias con su gracia habitual y contagiando su risa a los presentes. Henry, con una copa en la mano que parecía pesarle, de forma similar a un ladrillo, intentaba sumarse a la alegría, pero su mirada, a pesar de los gestos forzados, revelaban una culpabilidad profunda que no podía ocultar. Mi abuela, la matriarca indiscutible de la familia, supervisaba todo con dura crítica, asegurándose de que todo fuera perfecto.

En un momento, Henry se acercó a mí, rompiendo el silencio incómodo que envolvía.

—¿Cómo te sientes? —me preguntó con una voz cargada de preocupación y culpa.

—Mejor —respondí, aunque ambos sabíamos que la verdad era mucho más compleja. Las palabras resonaron en el aire, incapaces de reflejar el tsunami de emociones que agitaba mi interior. Henry admitió, sin saber qué más decir. Nos quedamos callados un instante, observando la fiesta a nuestro alrededor.

—Lo siento —murmuró finalmente, su voz apenas audible sobre el ruido de la celebración—. Nunca le digas a nadie lo que pasó y lo que viste. Si no, vas a ver lo que te va a pasar, ¿entendido?

—Sí, sí, te lo prometo, te lo juro.

Las palabras de Henry eran un pequeño paso hacia la redención; sin embargo, sabía que el camino hacia el perdón sería largo y difícil, un viaje plagado de obstáculos y de desafíos. Las cicatrices que marcaron mi cuerpo y mi alma eran un recordatorio constante del padecimiento que había vivido, una herida que aún sangraba y que tardaría mucho en sanar. En medio de la turbulenta travesía de mi infancia, también existieron oasis de felicidad que me permitieron entrever la belleza del mundo y la calidez del amor. Los fines de semana en casa de mi abuela se convertían en un refugio entrañable, un escape de la tormenta que azotaba mi vida diaria. Allí, en ese entorno familiar donde el tiempo parecía transcurrir a otro ritmo, encontraba la compañía de mis primos, con quienes compartía risas, juegos y aventuras, explorando cada rincón de la casa como si se tratara de un universo desconocido.

Las festividades marcaban el calendario con fechas luminosas que brillaban en la oscuridad de mi realidad. El Día de la Independencia, Navidad, Año Nuevo, el Día de las Madres, entre otros, se convertían en faros de esperanza, llenando el aire de una contagiosa alegría. Los fuegos artificiales, cual estrellas fugaces multicolores, surcaban el cielo nocturno, creando un espectáculo de luces y de sonidos que nos llenaba de emoción. Los adultos, contagiados por el espíritu festivo, bailaban al ritmo de la música, disfrutando de la compañía y del inevitable cigarrillo que acompañaba cada celebración. En esos momentos especiales, se respiraba un aire de libertad y emancipación, una sensación de que todo era posible y de que el mundo se extendía ante nosotros. Era un lienzo en blanco listo para ser pintado con las pinceladas de nuestros sueños. Mis cuidadores, maestros en el arte de la hipocresía y de la simulación, me prodigaban amor y cariño, mostrando una faceta muy distinta a la que exhibían en el día a día. Sus sonrisas eran radiantes; sus abrazos, reconfortantes; y sus expresiones, llenas de afecto. Las tardes se convertían en melodías de risas y de juegos. Mis primos y yo corríamos libres por el jardín, inventando aventuras y explorando los rincones de la casa, jugando al escondite. Los mayores nos observaban con nostalgia y alegría, quizás recordando sus propias infancias llenas de travesuras y de sueños.

La cocina, corazón palpitante de la casa, se inundaba con aromas que eran un canto a la tradición. El mole poblano, con su sabor intenso y especiado; los tamales humeantes, que guardaban en su interior un tesoro de sabores; y el pan recién horneado, con su corteza crujiente y con su miga esponjosa se mezclaban en el aire, creando una atmósfera de calidez y hogar que me envolvía en un abrazo reconfortante. Esos aromas familiares me transportaban a un lugar seguro y acogedor, donde las preocupaciones se desvanecían y reinaba la felicidad. Por las noches, las fogatas se convertían en el centro de reunión. Nos sentábamos alrededor del fuego, creando un círculo mágico donde las historias de los adultos cobraban vida. Sus voces, que narraban hazañas, leyendas y fábulas, me transportaban a mundos lejanos, creando personajes que se convertían en mis superhéroes, capaces de vencer cualquier adversidad. La luz danzante del fuego creaba un ambiente misterioso y cautivador. A pesar de la oscuridad que me rodeaba en mi vida diaria, esos momentos de felicidad en la casa eran rayos de sol que penetraban las nubes, iluminando mi camino, con la esperanza de que algún día la luz triunfaría sobre las tinieblas. Eran pequeños refugios en los que podía sentirme amado, aceptado y feliz, y la alegría reinaba por encima de las dificultades. La abuela, con su voz grave y pausada, se convertía en la narradora oficial de las fiestas. Sus anécdotas de juventud, salpicadas de humor, nostalgia, capturaban la atención de todos, y los transportaban a un pasado lleno de aventuras y emociones. Sus historias eran ventanas a un mundo diferente, un mundo donde la vida era más sencilla y feliz. A veces, alguien tomaba una guitarra, y las melodías tradicionales llenaban el aire, creando una atmósfera de calidez que envolvía a los presentes. Las canciones, con sus letras cargadas de sentimiento, hablaban de amor, de desamor, de la belleza de la naturaleza y de las vicisitudes de la vida. La abuela, la anfitriona perfecta, se aseguraba de que cada detalle estuviera impecable. Su emoción contagiosa y su energía vibrante animaba a todos a disfrutar de la celebración. Sin embargo, detrás de esa fachada de alegría y de perfección, se escondía la realidad que algunos pocos conocían.

Al final de cada evento, una escena casi ritual se repetía. Mi tío Henry, tambaleándose por la ebriedad, se acercaba a su madre, la abrazaba con fuerza, entre lágrimas y sollozos. Sus palabras cargadas de remordimiento y culpa resonaban en la sala. "¡Perdóname!, ¡El día que faltes, llévame contigo; no quiero que me dejes solo!", imploraba, con su voz quebrada por el alcohol. La abuela, con una tristeza en su mirada, lo consolaba con palabras suaves, prometiéndole que siempre estaría a su lado. En esos momentos, la alegría de la celebración se desvanecía, dejando paso a un manto de melancolía que cubría la casa. En mi opinión, estas súplicas eran un reflejo de la culpa que lo agobiaba, por los abusos cometidos contra mí, que relatare más adelante. Aun así, su comportamiento era contradictorio, ya que nunca mostraba un verdadero cambio de actitud ni asumía la responsabilidad de sus actos. Era la culpa que lo consumía en esos momentos de vulnerabilidad, pero, al día siguiente, volvía a su vida normal como si nada hubiera pasado. La escena se desarrollaba con una precisión casi mecánica. Henry, en su estado vulnerable, pedía perdón, mientras mi abuela, sin saber el porqué de sus súplicas, lo consolaba con ternura y le susurraba: "Todo estará bien, hijo. Todo estará bien", a pesar de que ambos sabían que esos conceptos eran limitantes, tan solo un emplasto temporal. El ambiente en la casa cambiaba de forma drástica. Los adultos, que hasta entonces habían estado disfrutando de la fiesta, se quedaban en silencio, observando la escena con preocupación e incertidumbre. Mis primos y yo, ajenos a la complejidad de las emociones de los mayores, nos retirábamos a un rincón, sintiendo la tensión en el aire, pero sin comprender del todo su origen. En mi memoria hay una noche en particular. Henry, más embriagado de lo habitual, se arrodilló frente a mi abuela, con el polvo del suelo, combinándose sus lágrimas, creando pequeños charcos de consternación.

"—¡No puedo vivir, mamá! ¡No puedo! —gritaba, resonando su voz en las paredes de la casa". Ella, con paciencia, lo levantó del suelo y lo condujo a la habitación, donde pasó el resto de la noche murmurando frases de culpa y súplicas de perdón. "¡Perdóname, madre, si tú supieras!, ¡si tú supieras!, ¡no tengo perdón de Dios!", gritaba entre sollozos, hasta que se sumía en un profundo sueño. Claramente sabía que sus palabras de arrepentimiento eran vacías, un intento desesperado de aliviar su propia conciencia sin enfrentar todas las implicaciones de sus actos.

Con los meses, aprendí a aceptar estos episodios como parte de la dinámica familiar. Eran momentos de vulnerabilidad que revelaban las grietas en la fachada de nuestra familia. Las súplicas de Henry eran un tormento silencioso, un grito ahogado de culpa y remordimiento. Su dolor era palpable, pero a la vez incomprensible para mí. No podía entender cómo alguien que me había hecho tanto daño podía mostrar arrepentimiento sin asumir la responsabilidad de sus actos, ya que esta escena se repetía una y otra vez. Un recordatorio constante de la oscuridad que se escondía detrás de la Carátula de felicidad. Las fiestas, que se suponían momentos de alegría y unión, se convertían en escenarios de dolor y de tensión.

Capítulo 5: Falsa ilusión

En mi recuerdo está grabada una ocasión específica, en que me hallaba en mi escondite secreto, bajo la cama. Era un refugio pequeño y oscuro, pero para mí representaba un lugar seguro, un espacio donde podía escapar, aunque fuera por unos minutos, de la realidad que me rodeaba. De pronto, el teléfono sonó, y mi abuela contestó. Escuché mencionar el nombre de mi madre y le pregunté cómo estaba. Mi ser se llenó de alegría, deseando hablar con ella de inmediato. Me aferré al vestido de mi abuela, tirando de su brazo para que me pasara el teléfono. Mi abuela me ordenó:

—¡Lárgate a tu cuarto! ¿No ves que estamos hablando los adultos?

—Solo quiero hablar con mi mamá… —respondí con timidez y desesperación.

—Ya te dije que te largues; si no, me la vas a pagar.

—Sí, ya me voy.

Los minutos parecieron eternos. Al cabo de un rato, mi abuela me gritó:

—¡Tu madre quiere hablar contigo!

Corrí hacia el teléfono. La saludé:

—Hola, mami, ¿cómo estás? Soy Alex. ¿Cómo te ha ido?

—Bien, aquí trabajando, con la Gracia de Dios. Te llamo para darte la noticia de que ahora tienes una hermanita.

—¿Cómo está? ¿Cómo es? —pregunté emocionado.

—Muy bien, creciendo, ya sabes.

—Me gustaría ir a conocerla —rogué emocionado.

—Sí, Alex, voy a enviar por ti. Claro, también eres mi hijo. Así viviremos juntos en familia. Cuando vengas, te llevaré al parque de diversiones de los personajes de televisión y a muchos otros lugares bonitos que hay aquí. Podrás jugar con tu hermana y conocerla en persona. Voy a ponerme a trabajar en eso.

Le pregunté incrédulo:

—¿De verdad me vas a llevar?

Ella respondió con seguridad:

—Sí, Alex, Sí, te lo prometo.

La alegría que sentí fue indescriptible... era como beber un vaso de agua fresca en medio del desierto. Sabía que pronto estaría junto a mi madre y a mi nueva hermana, formando una familia unida y llena de amor, y que mi vida sería maravillosa. La felicidad me absorbió: era un sueño hecho realidad.

—Gracias, mamá, te amo mucho. Me voy a portar bien para que pronto vengas por mí. Te amo, te quiero. Dios te bendiga —le expresé emocionado antes de despedirnos. Sin embargo, durante largos años soporté una espera interminable, llena de ilusiones que se fueron desvanecieron poco a poco en el aire. Mi madre nunca vino a buscarme, ni envió a nadie por mí para que me reuniera con ellos. Permanecí aferrado a la posibilidad de un encuentro, que nunca ocurrió. El sentimiento que albergaba se transformó en un intenso rencor hacia ella. La agonía que experimenté al vivir en esa casa se volvió insoportable, marcada por golpes, palabras hirientes y malos tratos, sin ninguna pizca de amor ni de cariño. Me encontraba atrapado junto a un abusador, una opresora y un maltratador. Me sumí en la depresión, la culpa y la soledad. Además, la salud de la abuela no era óptima debido a su edad avanzada. Sufría desmayos constantes por la presión arterial. Cada vez que ocurría esta situación, sentía una angustia abrumadora. Temía que no volviera a abrir los ojos, y el terror me invadía, sin saber cómo actuar en esos episodios, lo cual me hacía sentir culpable. En ese período, desconocía lo que en verdad le ocurría en esas experiencias terribles. El pánico se apoderaba de mí, pues sabía el castigo que me esperaba si algo le pasaba. Al recuperar el conocimiento después de cada desmayo, ¡cuál era mi sorpresa al escuchar sus primeras palabras!:

—Voy a decirle a Henry que por tu culpa me desmayé, para que te dé tu merecido, malcriado del demonio. Eres un mantenido; mucho hacemos por ti. Me culpaba por su enfermedad. En esos instantes, mi ser se colmaba de alegría al verla de vuelta, pero en el mismo instante ya sabía lo que me esperaba. Llegué a argumentar en mis entrañas:

—¿Por qué, mejor, no te mueres y dejas de joderme la vida?

Cada vez que Henry regresaba del trabajo y se enteraba de lo sucedido, arremetía contra mí, azotándome con el cinturón. A veces, este se rompía bajo el impacto de sus golpes exhaustivos, dejando marcas profundas en mi piel y en mi memoria. Esta era la práctica semanal en la que participaba involuntariamente, a menudo por razones triviales e insignificantes, como arrancar una hoja de mis cuadernos o derramar accidentalmente un vaso de agua, no solo me infligían dolor físico, sino que también destruían mi autoestima y mi sentido de seguridad. El trauma que me dejó fue severo, tanto en el cuerpo como en la mente. Las contusiones en mis piernas y en otras partes del cuerpo eran constantes, pero las cicatrices emocionales eran aún más profundas. Cada golpe era acompañado por gritos y palabras crueles que resonaban en mi cabeza mucho después de que terminara el castigo. Me sentía atrapado en un ciclo interminable de miedo y dolor, sin saber cuándo o cómo escaparía de aquella pesadilla. Henry no solo era violento, sino también impredecible. Su ira podía desatarse por cualquier motivo, real o imaginario. A veces, incluso sin una razón aparente, decidía que yo merecía un castigo. Sus golpes no solo buscaban lastimarme físicamente, sino también controlarme, humillarme y recordarme que no tenía voz ni poder en aquel hogar. El ambiente en casa era opresivo. Cada día que pasaba, me volvía más consciente de que no había refugio seguro, ni siquiera en mi propio cuarto. La tensión era palpable, y el miedo se apoderaba de mí cada vez que escuchaba su voz o sus pasos acercándose. Aprendí a anticipar sus arrebatos, a esconderme en silencio y a contener el llanto para no provocarlo aún más. A pesar de todo, trataba de mantener una apariencia de normalidad fuera de casa. En la escuela, nadie parecía notar el dolor que llevaba dentro (según pensaba yo). Me esforzaba por sonreír y actuar como si todo estuviera bien, pero en el fondo, cada golpe, cada insulto y cada mirada de desprecio dejaban una huella imborrable en mi ser.

A veces, me sentaba en el rincón del patio durante el recreo, observando a los otros niños jugar y reír. Me preguntaba cómo era posible que sus vidas parecieran tan simples, tan llenas de alegría, mientras que la mía estaba marcada por el miedo y la angustia. Intentaba imitarlos, unirme a sus juegos, pero siempre había algo que me detenía: una voz interna que me recordaba que yo no era como ellos, que mi realidad era diferente, más oscura.

Algunos maestros, en especial la profesora Irma, insistían en hablar con mis padres, para que buscaran ayuda profesional, dado que mi comportamiento no era normal. No jugaba con nadie y siempre me mantenía solo. También era motivo de preocupación que levantara la falda de las niñas para ver su ropa interior. Por último, decidieron llamar a un especialista para que me ayudara. Una psicóloga se acercó a mí durante el recreo y comenzó a conversar conmigo:

—¿Cómo te llamas? ¿Cuántos años tienes? ¿Cómo te tratan en casa? ¿Juegas con tus amigos? ¿Te golpean en casa?

Y hubo muchas preguntas más. Mis respuestas siempre fueron favorables para mis cuidadores, aunque no era verdad. Evitaba cualquier recordatorio o pensamiento de lo que ocurría en mi hogar. Ahora entiendo por qué la abuela me había dado instrucciones precisas:

—Cuando te pregunten, nunca menciones que te golpeamos. Si te preguntan si juegas con amigos, dices que sí. ¿¡Quedó claro!?

Estas palabras quedaron grabadas en mi consciencia. Trataba de no recordar aquellos sucesos por el miedo que temía a las consecuencias al descubrir la verdad sobre el maltrato físico y mental que recibía. Por eso siempre decía lo que mi abuela quería que ellos escucharan. Este mecanismo de defensa se conoce como:

"Bloqueo postraumático" (TEPT). Es un mecanismo de defensa que constituye un síntoma o trastorno que una persona puede experimentar tras vivir o presenciar un suceso traumático: agresiones físicas o sexuales, maltratos, accidentes, catástrofes o ataques terroristas, entre otros eventos. Es la forma de represión que impide cualquier intento de recordar, hablar o procesar conscientemente ciertos aspectos de un trauma experimentado, para evitar sentir el dolor causado por lo ocurrido o por el pánico a los efectos colaterales. Entre los diversos síntomas, están los recuerdos o flashbacks intensos y perturbadores del evento traumático, pesadillas recurrentes, ansiedad aguda, evasión de situaciones o lugares que evoquen el trauma, alteraciones en el humor y en los patrones de pensamiento, así como una sensación persistente de hipervigilancia.

Al finalizar el ciclo escolar de ese año, tomaron la decisión de cambiarme de escuela, pues era lógico que yaciera el temor a las consecuencias que pudiera conllevar.

Capítulo 6: Abuso

En un fin de semana, junto con el tío Henry, asistimos al club deportivo. En esta ocasión, con claridad recuerdo que solo estábamos él y yo, pues era muy temprano y todavía no había gente. Tomamos una ducha refrescante, y yo, con la inocencia de la infancia, me divertía jugando con el agua de las regaderas. El sonido del agua al caer y las risas resonaban en el espacio vacío, creando una atmósfera de despreocupada alegría. A continuación, nos dirigimos a los vestidores para secarnos y arroparnos, sin sospechar que ese momento de serenidad se convertiría en una experiencia abrumadora que dejaría un gran impacto en mi consciencia. Henry cerró la puerta con rapidez. El eco del cerrojo resonó en el pequeño cuarto, y una sensación de inquietud comenzó a invadirme. Henry, con una expresión que nunca había visto en su rostro, se acercó con lentitud. La luz débil del vestidor proyectaba sombras inquietantes en las paredes, y el aire, que antes se sentía fresco y limpio, ahora parecía pesado y opresivo.

—¿Qué estás haciendo? —pregunté, con una voz temblorosa que apenas lograba salir de mi garganta. Él no respondió. En ese instante, mi inocencia se vio interrumpida de manera abrupta e inesperada por una realidad que no podía comprender del todo, pero sabía, en lo más profundo de mi ser, que cambiaría mi vida para siempre. Estando dentro del vestidor, me arrinconó contra la pared y contra los asientos, me puso de espaldas, y con su otra mano sostuvo mi cara, sumiéndola donde estaban las toallas.

De pronto, se acercó y se pegó detrás de mí, dejándome atrapado y desvalido. Sin habernos puesto la ropa, acariciaba mi cuerpo y tocaba mis partes. Debido a mi corta edad, no entendía lo que estaba pasando.

—¡Cállate, no digas nada! —me ordenó con un susurro lleno de amenaza.

Tan pronto sentí un dolor desgarrador que me invadió, como un cuchillo que rasgaba todo mi ser y hacía sangrar mi corazón. Caí en un silencio forzado, mientras las lágrimas brotaban de mis ojos. Intenté escapar, pero era inútil. Sentía su aliento apestoso que salía de su boca y el sonido de su respiración acelerada resonaba en mis oídos, recordando mi impotencia. El tiempo pareció detenerse. Estaba atrapado en el centro del infierno, sin poder escapar. Transcurrió un rato; quería zafarme, salir corriendo, pues el dolor en mis nalgas era insoportable. Los ruidos comenzaban a escucharse cada vez más alto. De pronto, un empleado que trabajaba en aquel lugar pasó por allí y se dio cuenta de la grotesca escena que se estaba desarrollando. Corrió a gran velocidad para avisar a los demás trabajadores y, de repente, un grupo de personas apareció fuera de la puerta, gritando y exigiendo que la abriera.

—¡Abran la puerta! —gritaban, golpeando con fuerza. El vestidor se había convertido en una trampa mortal, y yo estaba atrapado en el centro de una pesadilla que parecía no tener fin. El ruido de las voces y golpes en la puerta golpeaba mis entrañas como un martillo. Henry, aterrado, me tapó y se cubrió con la toalla. Luego, abrió la puerta de par en par.

—¿Estás bien? —me preguntaron con ansiedad. Pero yo, aún conmocionado, pude balbucear, con voz débil:

—Sí, sí, sí, estoy bien. No comprendía, en realidad, lo que estaba sucediendo. Los empleados, al ver mi estado, me llevaron con prontitud a un lugar seguro, lejos del vestidor. Me ofrecieron agua y trataron de calmarme; en mi consciencia perpleja por lo acontecido, no comprendía lo que estaba sucediendo, ya que mis pensamientos estaban en blanco, incapaces de procesar la magnitud de lo ocurrido.

—¡Vamos a llamar a la policía! —le advirtieron a Henry. Él respondió con un grito desesperado:

—¿Cómo voy a hacerle algo malo si es mi hijo? La discusión se prolongó durante lo que pareció una eternidad. Al final, logró negociar (en una clara situación de corrupción) que no llamaran a la policía. El alboroto cesó, y fuimos a casa, donde el silencio era estremecedor. El aire estaba pesado de tensión, y la sensación de malestar era palpable. Yo estaba pasmado, tratando de darle sentido a lo que había pasado, mientras Henry intentaba mantener la calma y evitar que la situación escalara aún más. Los minutos siguientes se sintieron eternos. Yo estaba atrapado en una pesadilla de la que no podía despertar. En mi memoria, está grabado el momento en que lavé mis calzones para quitarle el color rojo con el cual se había teñido. Considero que aquel día fue el inicio de los abusos sexuales en mi vida, aunque no tenía el entendimiento despierto para comprender. Pese a ello, sabía que nada volvería a ser lo mismo. Con el transcurso del tiempo, pude distinguir que lo que acontecía no era correcto. En ese punto temporal, no sabía por qué me orinaba en la cama y amanecía mojado. La herida emocional que nunca había sanado regresó con fuerza, igual que un fantasma del pasado que buscaba ser escuchado. De manera desdichada, tenía que dormir al lado de mi abusador en la misma cama y usando las mismas cobijas para cubrirnos. En mi memoria claramente está impregnada la imagen de cómo él introducía sus manos en mis nalgas y tocaba mis partes dentro de mi ropa interior todas las noches. Ya te imaginarás lo que sucedía. Muchas veces dormía sin saber lo que esa persona monstruosa hacía en mi cuerpo. Hoy considero que, por esa causa, amanecía orinado en la cama al abrir mis ojos.

Durante el paso de los años, él sabía que yo estaba creciendo y que ya me percataba de que aquello era incorrecto. A partir de ese entonces, dejó de abusar de mí y de agredirme de forma íntima. Aunque, lamentablemente, tenía, por ley, que dormir a su lado. Nunca dije nada de aquellas situaciones por terror a las represalias. Con el paso de los años, aquel día en el vestidor se convirtió en una sombra que me seguía a todas partes. Cada vez que alguien se acercaba demasiado, sentía un escalofrío recorrer mi espalda. La confianza en los demás se había quebrado, y mi inocencia, arrancada de golpe, dejó un vacío que no sabía cómo llenar. Las noches eran las peores; el simple acto de dormir se convertía en una batalla contra el miedo y la impotencia. Aunque el abuso físico había cesado, las cicatrices emocionales seguían abiertas, sangrando en silencio. Era cuando la casa se sumía en un silencio pesado, y yo me quedaba despierto, escuchando cada ruido, cada paso, preguntándome si esta sería la noche en que todo empeoraría. A veces, me imaginaba escapando, corriendo hacia algún lugar lejano donde nadie pudiera encontrarme. Pero luego recordaba que era solo un niño, sin dinero, sin recursos, sin nadie a quien acudir. Y esa realidad me golpeaba con más fuerza que sus manos asquerosas acariciando mi cuerpo.

Capítulo 7: Videojuegos

La ausencia de amor y atención de mis cuidadores me llevó a buscar refugio en los videojuegos de la época; eran máquinas que funcionaban con monedas. Me escapaba para ir a jugar a la tienda de la esquina, lo que me producía gran entretenimiento y me permitía evadirme de mi prisión. Varias veces, Henry venía a sacarme a golpes, y la abuela también me reprendía por estar jugando. Sin embargo, mi fascinación por las máquinas de video era más fuerte que las posibles reprimendas que pudiera tener; no me importaba. Me enfrascaba jugando, encontrando en estos un escape de la realidad que me rodeaba. En aquellos juegos, no era un niño abandonado ni despreciado; era un héroe, un guerrero, alguien que importaba. Cada moneda que insertaba en la máquina era como una llave que abría una puerta hacia un mundo donde el dolor no existía.

Una desafortunada tarde en particular, había tenido un día arduo en la escuela: desesperado, necesitaba un respiro. Como de costumbre, me escapé a la tienda de la esquina, con la esperanza de perderme en el mundo virtual de juegos electrónicos. Había una nueva máquina que me tenía embelesado, y estaba ansioso por probarla. Sin embargo, no pasaron más de veinte minutos cuando Henry irrumpió en la tienda. Me sacó de ahí a la fuerza, increpándome delante de todos los presentes.

—¡Eres un inútil! ¿Es esto lo que haces en vez de estudiar? —Las palabras de Henry resonaban en mi mente, pero en mi voluntad ya estaba lejos, buscando el próximo momento en que pudiera regresar a mis juegos. Al llegar a la casa, la abuela estaba esperando con una expresión de disgusto en su rostro. —¿Otra vez en esos juegos? —me reprochó con ira y enojo—. ¿Cuántas veces te he dicho que esos aparatos te hacen perder el tiempo? —Me miraba con furia, lo que solo se añadía a mi sentimiento de soledad. Intenté explicarle que me gustaba jugar, pero ella no quería escuchar.

—Deja de darme excusas, escuincle del demonio. ¡Cada vez que te veo en esos juegos, me dan ganas de quemarte vivo! —Me llevó a palos al cuarto, advirtiéndome—: ¡Y no salgas hasta que te diga! A pesar de los castigos y reprimendas constantes, seguía escapando para jugar. No recuerdo cuántas palizas recibí por estar atrapado en una máquina que me ofrecía una salida de la realidad, pues era mi única vía de escape, mi única forma de sentir algún tipo de control sobre mi vida. En el mundo de los videojuegos, no era un niño desatendido ni despreciado; era un héroe, un guerrero, alguien que importaba. Cada nivel superado, cada enemigo derrotado, era una pequeña victoria que me hacía sentir poderoso, aunque fuera por unos minutos. Un día, conocí a un adulto amable que se detenía a observarme. Su nombre era "Tavo". Se quedaba atento al juego, como si le interesara tanto como a mí. Poco a poco, inició una conversación llena de calidez y afecto. Formamos un vínculo; me colmaba de dulces y, en ocasiones, me daba dinero para seguir jugando. Tavo se convirtió en una figura importante para mí, alguien que me ofrecía la importancia y cariño que tanto anhelaba. En ese entonces, no podía imaginar que detrás de su sonrisa amable se escondía una intención oscura.

Al pasar los días, me fui encariñando más con él. Un día, con voz emocionada y llena de astucia, me susurró al oído:

—Ven conmigo, ¡vámonos! Tengo una sorpresa para ti.

Mi imaginación se aceleró con curiosidad.

—¿Un regalo? ¿Un secreto? —pregunté intrigado.

—¡Sí! ¡Ven y descúbrelo! —respondió con una expresión misteriosa.

—¿En serio tienes algo para mí? ¿Un regalo verdadero? —insistí, cada vez más ansioso. Tavo confirmó con entusiasmo.

—¡Sí, por supuesto! ¡Ven conmigo, para que te lo dé! Lo compré en especial, solo para ti —me aseguró con un tono que ocultaba algo siniestro. Ciego de deseo y tentado por la sorpresa, no dudé en acompañarlo. Lo seguí sin titubear, ajeno a la pesadilla que me esperaba. Mientras caminábamos, mi pecho latía sin medida. No sabía que aquella ilusión pronto sería destrozada, y dejaría una huella imborrable en mi vida. Las imágenes de ese día persisten en un conmovedor recordatorio de las devastadoras consecuencias de la confianza ciega. ¡Qué sorpresa me llevaría! También era un depredador sexual sin escrúpulos. Al pasar por una vivienda abandonada (ya lo tenía todo premeditado), me tomó del cuello con su brazo fuerte y me forzó a entrar en ese lugar oscuro y solitario. No había nadie cerca que pudiera ayudarme. Mi corazón agitado se aceleraba sin control. Al llegar al interior de una antigua habitación, con la otra mano, me bajó los pantalones y mi ropa interior, que cayeron hasta mis tobillos. Con una mirada llena de lujuria, me reprochó:

—¡Esto es lo que te pasa por andar siempre solo! Se bajó los pantalones. En ese momento sentí cómo se desgarraba mi alma y me atravesaba lo más profundo de mis entrañas… El dolor era insoportable. —¡Auxilio!, ¡auxilio!, ¡auxilio! —gritaba con desesperación, pero mis gritos se desvanecían en la nada de un lugar desierto. Lloraba, desesperado por lo que estaba sucediendo, sin saber qué hacer. Mi cerebro buscaba una manera frenética de escapar de aquella pesadilla, pero todo parecía inútil—. ¡Suéltame, suéltame! ¡Me haces daño, me duele, ¡me duele! —le rogaba, suplicándole que me dejara ir. Buscaba la manera de liberarme de aquella pesadilla. Esos minutos fueron interminables; en un segundo, con un gesto desesperado, el depredador, habiendo dominado a su presa, la devoró sin piedad. Una vez que cumplió su cometido, complacido y agotado, aflojó el amarre de mi cuello. En esa fracción de tiempo, logré zafarme de aquel pederasta. Pude distanciarme de él unos metros, suficientes para poder escapar. Su rostro reflejaba una fatiga, mezclada con una repugnante satisfacción. Tras haberme subido la ropa, acelerado, emprendí una veloz huida, sin mirar atrás. Él me gritaba que me detuviera, pero mi corazón latía a toda velocidad, instándome a escapar. Corrí por las avenidas, hasta que, por fin, llegué a casa; me encerré en el baño: la vergüenza me abrumaba. Lloré desconsolado, incapaz de procesar el ataque; herido, adolorido, sangrando, y con las entrañas destrozadas.

Por segunda vez, había sido violado… A partir de ese terrible suceso, mi vida cambió de manera drástica. Sentí que mi existencia era un peso insoportable. Me sumergí en una depresión que me ahogaba, de manera similar a una persona que se hunde en un océano de aguas turbulentas sin saber nadar. Me asaltaban preguntas angustiosas:

—¿Para qué nací si mis padres, que debían amarme, me abandonaron? —¿Por qué nadie me ama? —¿Dios, por qué permites que los niños sufran? Estos conceptos brotaban desde lo más profundo de mi ser. Herido y abatido, trataba de entender el porqué de todo eso. Me preguntaba:

—¿Por qué a mí? —¿Por qué yo? Sin encontrar respuestas.

Cada noche, me acostaba con la esperanza de no despertar al día siguiente, de que todo terminara de una vez por todas. Pero el sol siempre salía, y con él, el recuerdo de lo que había vivido. A decir verdad, no sé qué habría sucedido si no hubiera logrado escapar.

Tal vez nadie estaría leyendo este relato de mi vida.

Doy gracias a Dios por haberme dado las fuerzas para poder liberarme, ya que mi destino podría haber sido aún más trágico. Me siento agradecido por haber sobrevivido y por poder compartir mi historia, con la esperanza de que, al hacerlo, pueda ayudar a otros a encontrar la fuerza para sanar y perdonar...

Capítulo 8: Retorno

En mi memoria quedan aquellos tiempos de sexto grado básico, cuando conocí a Mike. Era un niño de origen humilde, proveniente de una familia de escasos recursos, hijo de la amante de su padre. Era una persona con una psique sana y equilibrada, a diferencia de mí. Forjamos un sólido vínculo de amistad, que se convirtió en mi escape del infierno, aunque nunca le revelé la verdad sobre lo que sucedía en mi casa. "Aunque intentaba reconstruir algo nuevo, la sombra seguía atormentándome… la traición de mi madre, así como también el abuso y maltrato que sufría." A medida que nuestra amistad crecía, Mike se convirtió en mi apoyo incondicional.

Así, compartimos experiencias cruciales en nuestras vidas: nos auxiliamos en momentos difíciles y celebramos nuestros logros y éxitos. En el colegio, pasamos incontables horas de conversaciones sobre música, películas, libros, nuestros planes para el futuro, y más. Al entrar en la adolescencia, a medida que nos acercábamos para entrar a la preparatoria, comenzamos a tener otros amigos... novias... También a consumir algunos vicios, como el fumar, tomar licor, ir a fiestas y, en mi caso, todo a escondidas de mis verdugos. Al final, no sabíamos que nuestras vidas tomarían caminos diferentes; prometimos mantener nuestra amistad y apoyarnos entre sí, sin importar lo que sucediera, pues éramos como hermanos en ese tiempo.

Una mañana en particular, Mike y yo decidimos explorar una vieja casa abandonada en las afueras del pueblo. La emoción y el miedo se entrelazaban en nuestros corazones mientras nos adentrábamos en aquel lugar oscuro y polvoriento. Encontramos un viejo baúl lleno de objetos antiguos y, entre risas y susurros, imaginamos historias de tesoros y fantasmas. Esa aventura, aunque simple, se convirtió en uno de nuestros recuerdos más preciados.

Después de haber terminado el estudio básico, Mike y yo ingresamos a la secundaria, y luego a la preparatoria. Fue allí donde comenzamos a vivir una adolescencia desenfrenada. Nos sumergimos en un mundo de nuevas experiencias y descubrimientos. Las fiestas se convirtieron en nuestro refugio, donde el alcohol y el tabaco eran nuestros compañeros constantes. La emoción de lo prohibido nos atraía igual que un imán; cada fin de semana era una nueva aventura. Un sábado, al ocultarse el sol, decidimos colarnos en una fiesta exclusiva en una mansión en las afueras de la ciudad. La adrenalina corría por nuestras venas mientras escalábamos la cerca y nos mezclábamos con la multitud. La música retumbaba en nuestros oídos, y las luces parpadeantes creaban un ambiente casi surrealista. Fue una noche de excesos y risas, pero también de momentos de reflexión y conexión profundas entre nosotros. A pesar de nuestra conducta temeraria, siempre nos cuidábamos mutuamente. Mike era mi ancla en ese mar de caos, y yo era el suyo. Nuestra amistad se fortalecía con cada experiencia compartida y, aunque sabíamos que nuestras vidas tomarían caminos diferentes, prometimos mantenernos unidos, sin importar lo que sucediera.

Un día, como cualquier otro, en la preparatoria, recibí una llamada del tío Henry:

—Alex, tienes que venir: tu madre acaba de llamarme. Dice que está en el aeropuerto. Viene con tus tres hermanos. Debemos ir por ella.

Había regresado de Estados Unidos. La emoción y el deseo de verla ya no eran similares a los sentimientos anteriores que había experimentado. Le contesté:

—Bien, ahora voy para allá. Llego en un rato.

Tomé el autobús indicado. Durante ese trayecto, reflexioné en profundidad sobre todo lo que había acontecido en nuestras vidas. Pensé qué palabras utilizar, cómo actuar, de qué manera tratar a ella y a mis hermanos. Ahora sabía que ya eran tres; me invadía la curiosidad sobre cómo serían. Las posibilidades y los escenarios se arremolinaban en mi cabeza, llenándome de anticipación y ansiedad. Al fin, llegué a casa. Henry me pidió: "Date prisa; ya vámonos: se hace tarde".

Apresurados, subimos al auto. Tardamos alrededor de dos horas en llegar a su encuentro. Estaban esperándonos en la salida. Entusiasmo, risas, y sentimientos encontrados. Conocí a mi hermana de doce años y a los otros dos pequeños. Saludé a mi madre, abrazándola.

—Hola, ¿cómo estás?

—Bien, m"ijo, qué grande estás… Saluda a tus hermanitos.

Mi hermana cargaba a la pequeña y tomaba de la mano a mi hermano. Le di un abrazo fuerte y también la saludé:

—Hola, ¿cómo estás?

—Bien.

—Qué bueno que llegaron…

Subimos el equipaje y nos dirigimos a la casa. En el trayecto, mi madre y Henry comenzaron a conversar; nosotros solo cruzábamos miradas… ninguna palabra.

Una gran celebración se organizó para darles la bienvenida. Toda la familia se reunió, con parientes y primos que llenaron la casa. Fue una jornada de alegría, brindis y baile. Durante esos días, mi hermana y yo pasamos conversando y compartiendo nuestras vivencias. Surgió una bonita amistad entre nosotros, que con el tiempo desaparecería, aunque nunca le confesé lo sucedido. Me avergonzaba mencionar que había sido víctima de abusos. A medida que pasaban los días, mi madre y mis hermanos salían de casa para disfrutar de comidas y de diversiones, mientras yo permanecía atrapado en la misma rutina, como un mero espectador de una vida que no me pertenecía.

En una ocasión, me invitaron a compartir una comida de hamburguesas con ellos. Aunque estábamos todos juntos en la mesa, la sensación de extrañeza era palpable, como si fuéramos extraños unidos por lazos de sangre. Me sentía un intruso en mi propia familia, alguien que observaba desde fuera sin poder en verdad formar parte de ese mundo. La brecha emocional que nos separaba parecía insalvable y, aunque traté de disfrutar ese momento, la realidad de nuestra desconexión era inevitable.

En un atardecer, mientras estábamos en el jardín, mi hermana se acercó y me habló:

—Alex, ¿puedo hablar contigo?

—Claro, dime.

—He notado que estás un tanto distante. ¿Te pasa algo?

—No, solo estoy un poco cansado.

—¿Seguro? Me preocupo por ti. Desde que llegamos, te he visto diferente.

—Es que hay muchas cosas en mi interior. Pero no te preocupes: estaré bien.

—Sabes que puedes contar conmigo, ¿verdad? Somos hermanos, y quiero que sepas que estoy aquí para ti.

—Gracias, eso significa mucho para mí. A veces es difícil hablar de lo que siento.

—Entiendo. A mí también me cuesta a veces. Pero creo que es importante que hablemos y nos apoyemos en todo.

—Tienes razón. A veces me siento como un extraño en mi propia familia. Es difícil explicar, pero es como si no encajara.

—Lo siento mucho, Alex. No puedo imaginar lo que estás pasando, pero quiero que sepas que no estás solo. Siempre estaré aquí para escucharte.

—Gracias, de verdad. Eso me ayuda más de lo que puedes imaginar.

—¿Te gustaría salir a caminar un rato? Podríamos hablar más y despejarnos un poco.

—Sí, me encantaría. Gracias por estar aquí para mí.

Con mi madre la relación era distante. No lograba verla como una figura materna, al igual que, supongo, ella tampoco sentía ese afecto. Con el paso de los meses, la situación se volvió más complicada. Como dice un refrán mexicano, "el muerto y el arrimado, a los tres días, apestan".

De cierta manera, mi madre observaba cómo me trataban, y querían aplicar lo mismo con mis hermanos y con ella, ya que mi abuela era la autoridad máxima de la casa, y sus órdenes debían cumplirse al pie de la letra. A pesar de que intentaba influir en mi madre, ella optaba por guardar silencio, ya fuera por aprehensión o por respeto. Mi relación con mis hermanos ya no era la misma que al principio ya que para mi madre, centraba todo su interés en ellos.

Capítulo 9: Huida

Al volver de la escuela una tarde, de repente, recibí la devastadora noticia de que mi madre había partido de la casa sin haberse despedido ni avisado. No hubo ninguna explicación sobre su partida. Intuí que algún conflicto entre ella y la abuela había desencadenado su partida, pero nunca supe los detalles exactos.

—¿Qué pasó? —le pregunté a la abuela, con el alma estrujada por la incertidumbre.

—No sé, tomó sus cosas y se fue. Mejor que se haya ido; así pagan cuando se les ayuda —protestó ella con frialdad, mientras mi alma se partía en mil pedazos.

—¿Y no te dijo nada?, ¿adónde se fue?, ¿y qué dijo acerca de mí? A mí no me dijo nada. —Trataba de contener las lágrimas, que amenazaban con escaparse.

—Bueno, sabes que tú no eres importante para ella, ¿qué te va a decir? Solo cogió sus cosas y a tus hermanos, y se fue.

Me quedé pensando qué habría pasado tan de repente para que se fuera sin despedirse. Todo continuó con normalidad, pero para mí nada sería igual.

Con el tiempo, la vida que llevaba en casa se volvió insoportable, y decidí escapar en secreto, dejando atrás aquella casa que se había convertido en una especie de prisión. Inspirado por la partida repentina de mi madre, opté por buscar libertad en un nuevo inicio. Me mudé cerca de la residencia de Mike, utilizando los escasos ahorros que había conseguido. Preparé de manera cuidadosa mis pertenencias para librar cualquier sospecha, aguardando el cobijo de la noche para deslizarme lejos. Me alisté sin chistar. Lento y precavido, me acerqué a la puerta; la abrí y salí apresurado, en completo silencio. Cada paso que daba era una huida hacia la incertidumbre, pero también hacia la esperanza de un futuro más luminoso. La sensación de alivio al escapar era indescriptible, como si un peso enorme se hubiera levantado de mis hombros. No podía permitirme continuar más en esa vida de opresión y abuso. A medida que avanzaba por las calles desoladas, me invadía la certeza de que ya no era el mismo niño vulnerable de antes. Las experiencias, aunque dolorosas, me habían forjado en un joven más fuerte y decidido. Había aprendido a sobrevivir en un entorno hostil, a encontrar fortaleza en medio de la adversidad. El camino por delante era incierto, lleno de obstáculos y dificultades. Sin embargo, esas preocupaciones eran secundarias, comparadas con el alivio de escapar, de liberarme de las ataduras que me aprisionaban en todo mi interior. Era un nuevo comienzo, una oportunidad para reconstruir mi vida, para construir un futuro mejor. Estaba decidido a aprovecharla al máximo. Llegué a la casa de Mike; a la mañana siguiente fui recibido por sus amigos con simpatía. Eran parte de una pandilla local, conocida por sus fiestas y por sus excesos. A primera instancia me uní a ellos pues me agradaba el hecho de sentirme libre y aceptado, días de fiesta alcohol y parranda fueron el pan diario. Aproveché mis ahorros para establecerme allí por un tiempo. Comencé a trabajar en una reconocida empresa automotriz durante el día y retomé mis estudios en el turno vespertino para completar la universidad.

Aunque mi vida parecía tomar un rumbo más estable, seguía siendo arrastrado por las tentaciones de la pandilla y de las fiestas, que ofrecían un escape momentáneo. A veces, llegaba al trabajo bajo los efectos del alcohol, aunque nadie parecía notarlo gracias a mi habilidad para disimularlo. Ascendí al puesto de supervisor de almacén, pero mi mal manejo del dinero y los excesos de los fines de semana me llevaban a situaciones de extrema necesidad. Gastaba casi todo lo que ganaba en alcohol, drogas y fiestas, y cuando llegaba el lunes, apenas tenía para comer. Mike y sus amigos se burlaban de mí, diciendo que era un "trabajador de día y un desastre de noche", pero yo me reía con ellos, como si no me importara. En el fondo, sabía que estaba cayendo en un pozo del que no sabía cómo salir. Un día, un conocido me dio la ubicación actual de mi madre, así que decidí buscarla. La encontré viviendo con un hombre llamado "Paco" y con mis hermanos. Su bienvenida fue fría y distante. Me informó que tenía una nueva pareja y que ahora él se encargaba del cuidado de mis hermanos.

Comencé a visitarla con regularidad, pero cada vez sentía más la incomodidad por la presencia de Paco, pues yo le era indiferente. Con el tiempo, mis visitas a la casa de mi madre se hicieron más frecuentes. En lo más profundo de mi ser, anhelaba olvidar el pasado, recuperar esos años perdidos y reconstruir el amor que nunca había florecido en su total plenitud. Sin embargo, seguía siendo arrastrado por las parrandas y por otros hábitos destructivos. Después de unos meses, me encontré sin suficiente dinero para cubrir la renta y otros gastos, y me vi obligado a pedir ayuda a mi madre. A regañadientes, accedió a ayudarme, aunque su desconfianza por mi dependencia de los vicios era evidente. Mi estadía en su casa fue efímera debido a las acusaciones falsas del padrastro de mis hermanos, quien me culpó, sin ninguna prueba justificable, de haber hurtado algunas pertenencias. Mi madre, por su parte, apoyó la iniciativa de Paco: ya no me querían en su casa. Me transmitió ese mensaje sin pedir alguna explicación.

—Alex, tienes que irte de aquí —me ordenó con voz tensa, revelando más de lo que sus palabras expresaban.

—Pero yo no hice nada —cuestioné atónito, con un nudo de incredulidad en la garganta.

—Paco está furioso porque dice que le robaste el estéreo y otras cosas del camión. Aunque no está en casa, no sé qué te hará cuando regrese. Será mejor que te vayas para evitar problemas —me advirtió con una frialdad que me dolió hasta el alma.

—Está bien, no hay problema —accedí con voz entrecortada, ocultando mi tristeza tras una máscara de resignación—. Gracias por todo y disculpa las molestias que causé. Así, desilusionado por la actitud de mi madre, tuve que partir, consciente de que todo era una farsa para que abandonara el lugar, ya que habían acordado expulsarme de su casa. Tomé mis escasas pertenencias y dejé la casa, sin mostrar el gran vacío que albergaba en mi corazón y la profunda decepción que me había provocado el desaire de mi madre. Al cruzar esa puerta, reconocí que lo que mi abuela me había advertido era cierto: mi madre nunca me había querido, y por eso me había abandonado. Lloré con amargura, sintiéndome desmoronado por lo ocurrido. Caminando por las calles, perdido en el camino, recordé a Mike, y decidí pedirle ayuda. Le expliqué lo sucedido y él me permitió quedarme unos días con su familia.

Continué trabajando y estudiando habitualmente, pero, después de aquel incidente, busqué con desesperación el no sentirme tan aislado, Así que me refugié en los vicios. La madre de uno de los miembros de la pandilla practicaba brujería y, sin darme cuenta, abrí una puerta que nunca debí haber abierto. Poco a poco, me adentré en ese oscuro mundo sin comprender las repercusiones de mis actos. Comencé adquiriendo una ouija y, fascinado por sus respuestas precisas, creí que había algo más poderoso. De modo progresivo, adquirí otros artefactos mágicos, incluyendo una tabla egipcia, que llegó a moverse por sí sola. Me sumergí en el conocimiento de las fuerzas ocultas y visité templos donde se practicaba el espiritismo, así como también lugares de santería.

En una ocasión, el líder de la secta me hizo saber que había sido seleccionado para algo grande, que era un cerebro preparado. Aprendí algunos hechizos y otras cosas ocultas. Una espiritista en trance indicó que yo era un rey custodiado en su corte con sus doncellas, lo cual evidenciaba que tenía autoridad y que, a partir de ese instante, estaba resguardado. Aprendí hechizos y algunos rituales; me convertí en un manipulador tanto dentro de la pandilla (donde mis decisiones eran seguidas como órdenes) igual que en mi trabajo, donde ascendí a un cargo superior. Mi desempeño laboral me brindó la oportunidad de trasladarme a diferentes lugares, lo cual me alegró de sobremanera, pues significaba dejar atrás una ciudad donde había sufrido tanto. Viajé por varios estados; comencé una nueva vida y dejé atrás las fuerzas del mal, aunque los vicios continuaron siendo parte de mí. No volví a ver a mi amigo Mike y no supe nada de él en los años siguientes.

En Tijuana, Baja California (México), me establecí por varios meses. Sin embargo, fui despedido de mi trabajo por mis hábitos de consumo y por mi falta de responsabilidad, lo que me sumió en una profunda tristeza, ira y frustración constantes. Me refugié en los bares y cantinas de la zona, e incluso llegué a trabajar en estos lugares. Durante una ocasión de fiesta, un compañero me ofreció cocaína, a la cual me hice adicto. Consumí día a día para olvidar mi pasado; era mi única forma de no sentirme solo y vacío en esa situación. Los días se deslizaban a pasos lentos, cada uno más pesado que el anterior. Después de prolongadas celebraciones, me encontraba sumido en un aislamiento asfixiado y con una depresión sin fondo. En mi habitación, bajo los efectos de la droga, me transportaba a mi infancia junto con los traumas sufridos, que volvían como fantasmas del pasado. Poco a poco, desde lo más profundo de mi ser, emergían sentimientos de venganza contra mi madre. La culpaba por cada lágrima derramada, por cada cicatriz en el alma. La odié con una intensidad que me consumía, deseando que la muerte la alcanzara y que, así, pagara por todo mi calvario. En múltiples ocasiones me enfrenté a Dios con una amargura desgarradora.

"¿Dónde estás? ¡Eres una mentira! ¡Toda mi vida es una basura! ¡No sirvo para nada!", le gritaba al cielo, con la voz rota por el dolor, la ira y las frustraciones. Cuestionaba su existencia, su justicia, su amor, mientras le reprochaba.

— "¿Por qué a mí?, ¿Por qué yo?".

Repetía con el alma hecha pedazos…

Capítulo 10: La llamada

Un recuerdo impactante fue el día en que alguien tocó la puerta de la casa. Se acercó a mí y comenzó a conversar conmigo:

—Buenos días, Dios te bendiga.

—¡Hola! Sí, buenos días —respondí, observándola con detenimiento. Era una mujer de rasgos impecables.

—Dios me envió aquí para decirte que Él te ama y siempre ha estado contigo.

—Ah, claro, por supuesto —respondí con asombro e ironía, mientras resonaba en silencio: "Si supieras mi vida, no dirías eso, no estarías aquí, tú y tu Dios… Ja, ja, ja".

La verdad, nada me importaba de Dios. Le reprochaba por permitir todo lo que había sucedido en mi infancia. Su visita era constante: aparecía dos veces a la semana en la puerta de la casa, a menudo acompañada por una mujer mayor. Me sentí atraído por ella, de manera inexplicable. No existía otra persona que me hiciera sentir tan especial e importante en esa época. Ahora entiendo que Dios estaba presente en ella. Intenté conquistarla muchas veces, pero hechizos, conjuros, labia… nada parecía surtir efecto con ella. Esto me desconcertó, me desequilibró, pues no comprendía por qué no funcionaban las artes que había aprendido, ni la autoridad que en su tiempo el enemigo me había ofrecido. Pensé que, al haberme alejado del templo, había perdido su influencia. ¡Qué equivocado estaba! No hay poder ni nombre más alto que el de Jesús: "Por lo cual Dios también le exaltó hasta lo sumo, y le dio un nombre que es sobre todo nombre, para que en el nombre de Jesús se doble toda rodilla de los que están en los cielos, y en la tierra, y debajo de la tierra; y toda lengua confiese que Jesucristo es el Señor, para gloria de Dios Padre" (Filipenses 2:911).

Sus palabras sobre un Dios de amor y redención retumbaban en mis oídos, pero mi mente se resistía a escucharlas. Sin embargo, la semilla fue plantada en tierra, aunque árida; aquellas enseñanzas se alojaron en algún rincón de mi ser, esperando germinar en el momento menos pensado. Las luces de neón de la ciudad fronteriza me cegaban, mientras caía sumergido en las entrañas de la vida nocturna. Rodeado de mujeres que buscaban saciar un deseo fugaz. Aunque algunas me profesaron amor y anhelaron un futuro juntos, por mi parte, mi único objetivo era la libertad al desenfreno. Preso en las garras del autodesprecio, era incapaz de amar a nadie, ni siquiera a mí mismo. El abatimiento, la ira y frustración eran mis inseparables compañeras de baile en esta macabra danza.

Impulsado por un anhelo de cambio, o quizás por huir de mi propia realidad, decidí, junto a un compañero de farra, emprender el viaje hacia el norte, hacia la tierra de las oportunidades: Estados Unidos. Dejé atrás la ciudad fronteriza y, con ella, a la mujer que había plantado la semilla de la fe en mi corazón. Nunca logré conquistar su amor, pero su eco resonaba en mi memoria, como un susurro persistente en la noche. Llegamos a California, y todo el resentimiento que guardaba contra mi madre, la soledad que me envolvía y muchos otros problemas se descontrolaron. Me entregué a todo tipo de vicios, en especial a la cocaína, que se convirtió en mi mayor consumo. El amigo de travesía tomó un camino diferente, y jamás volví a verlo. En esa época, conocí a tres personas con las que, de manera gradual, nos involucramos en robar para obtener dinero y comprar más drogas. Al principio, eran cosas pequeñas, herramientas, teléfonos, o el salir de un restaurante sin pagar y delitos semejantes. Pero, con el tiempo, lo que ganábamos ya no era suficiente, así que tomamos la decisión de robar autos, vender armas y drogas. Los vicios se convirtieron en mi refugio, un escape temporal de la pena que me embargaba, la falsa sensación de bienestar que duraba apenas unas horas. Pero, en realidad, solo profundizaban mi sentimiento de vacío. Eran la venda que cubría mis heridas, pero no las curaba. Solo las ocultaba, lo que permitía que la infección se extendiera por dentro. Las sombras de mis errores y de mis decisiones equivocadas me rodeaban, susurrando en mis oídos que no había escape, que el único alivio sería poner fin a todo, sobre todo, a esa impotencia de no poder vengarme de mi madre por todo el daño causado en mi vida, pues no sabía nada de ella. En mi sentir resonaban estas palabras: "Espero que ya te hayas muerto" y "Vieja desgraciada, por tu culpa". Estas eran mis declaraciones contra ella, llenas de odio y bastante rencor.

En medio de una noche interminable que parecía no tener fin, la idea del suicidio comenzó a susurrarme al oído. Estaba atrapado en un pozo sin salida, sin esperanzas, ni nadie que me diera una palabra de aliento. Tomé camino a la calle sin rumbo fijo y, al pasar por un puente elevado de una autopista, decidí acabar con todo. Me acerqué y miré hacia abajo: la altura era mortal, así que decidí lanzarme para poner fin a todo. Al querer dar el paso definitivo, un poder sobrenatural me abrazó y me arrastró hacia atrás, y caí al suelo. Me asusté, y salí corriendo despavorido de ese lugar. Ahora sé que Dios me libró de haber cometido tal error. A Él sea la gloria por los siglos de los siglos. "Porque el

Hijo del Hombre vino a buscar y a salvar lo que se había perdido" (Lucas 19:10). En otro momento oscuro y silencioso en el barrio, mis amigos y yo decidimos cruzar el territorio de la pandilla rival. Pensamos que sería una aventura emocionante, que el desafío nos haría sentir invencibles. No sabíamos que estábamos a punto de enfrentarnos a la realidad más cruda y peligrosa de nuestras vidas. Al adentrarnos en ese territorio prohibido, de manera sigilosa, las sombras se movían de un lado a otro entre edificios abandonados. El silencio era ensordecedor, y la tensión en el aire era palpable. De repente, una voz ronca nos detuvo en seco.

—¿What are you doing here? ("¿Qué hacen aquí?") —preguntó un hombre alto y musculoso, rodeado por otros miembros de la pandilla, todos hostiles y desafiantes. Nos quedamos paralizados, sin saber cómo responder. El líder de la pandilla dio un paso adelante; sus ojos fríos y calculadores nos escudriñaban.

—Este es nuestro territorio. Nadie entra aquí sin pagar un precio —nos advirtió, sacando un arma de su cintura. La situación se volvió caótica en un abrir y cerrar de ojos. Los pandilleros comenzaron a golpearnos, lanzando puñetazos y patadas con una brutalidad desmedida. La desesperación se apoderó de nosotros mientras intentábamos defendernos, pero estábamos superados en número y fuerza. En medio del tumulto, sentí un frío metal contra mi frente. Levanté la vista y vi al líder de la pandilla apuntándome directo a la cara con su arma. El pánico se apoderó de mí; mi corazón latía con fuerza. El mundo pareció detenerse—. Es el fin para ti, Mexican —me aseguró con una sonrisa siniestra mientras apretaba el gatillo. Pero entonces ocurrió algo increíble: el arma no disparó. El clic del gatillo resonó en el aire, pero no hubo explosión, no hubo bala. El líder de la pandilla miró su pistola con sorpresa y frustración; intentó una vez más, pero el arma seguía sin funcionar. En ese momento, comprendí que algo más estaba ocurriendo. No era coincidencia, no era suerte. Sentí una presencia divina, una protección que me envolvía. Aprovechando la confusión, grité:

—¡Corran! ¡Vámonos, ahora!

Sin pensarlo dos veces, salimos huyendo de ese lugar con todas nuestras fuerzas. Corrimos por calles y callejones, sin mirar atrás, hasta que por último llegamos a un lugar seguro, lejos del peligro inmediato. Nos detuvimos, asustados y temblando, tratando de asimilar lo que había acabado de suceder. Nos miramos unos a otros, impresionados, pero también con una sensación de respiro y calma.

—¿Viste lo que pasó? —preguntó uno de mis acompañantes, con los ojos llenos de incredulidad.

—Sí —respondí, todavía intentando comprender la magnitud de lo ocurrido—. Fue Dios, brother. Nos salvó. No nos tocaba todavía.

Al llegar al apartamento, me miré al espejo; no reconocía al hombre que tenía enfrente, con una expresividad insensible y fría, que lo envolvía. Mis ojos estaban hundidos, la piel pálida, y la expresión era la de alguien que había perdido toda aspiración. El reflejo era un recordatorio cruel de en qué me había convertido, una sombra de mi pasado.

Las noches se tornaron interminables, con pensamientos oscuros que acechaban en cada rincón de mis neuronas, susurrando que el fin sería una bendición. La vida continuaba, aunque sin dirección ni propósito, pero con la sensación de que algo estaba cambiando dentro de mí, de que ya no estaba en un total desamparo en mis luchas. Las noches se volvieron más difíciles de sobrellevar, y los días parecían eternos. Las adicciones seguían siendo un refugio y una cárcel; me mantenían atrapado en un ciclo destructivo del que no veía salida. La influencia de la mujer que había hablado de Dios seguía presente en mis pensamientos. Sus palabras resonaban, desafiando mi incredulidad. A pesar del rechazo inicial, su mensaje había dejado una huella en el corazón, una marca que no podía ignorar.

"Dios me envió aquí para decirte que Él te ama y siempre ha estado contigo", recordaba estas palabras, muy precisas en mi memoria. Aunque me resistía a aceptarlo, algo en el interior empezaba a despertar una chispa de interés en medio de la oscuridad que dominaba la vida. No era fácil. Cada vez que intentaba reflexionar sobre lo que ella había dicho, las voces de mi pasado surgían para burlarse de mí. «¿Dios? ¿Amor? Eso es para gente débil», me decía a mí mismo, tratando de ahogar esa pequeña llama de curiosidad. Pero por más que lo intentaba, no podía olvidar la sinceridad en sus ojos, la calma en su voz, como si realmente creyera en lo que decía.

Capítulo 11: Encuentro transformador

En los albores de una tarde soleada, mientras convivíamos en el patio, se acercó a nosotros un joven con una biblia en la mano. Su nombre era Antonio; originario de Oaxaca, con un leve acento que delataba sus raíces en un dialecto, muy distinto al español que todos conocíamos.

—¡Dios los bendiga! —saludó con un gesto fraternal—. Soy Antonio. Con la botella de cerveza en la mano, le ofrecí un trago, pero cortésmente declinó:

—No, gracias. No bebo alcohol. Antonio nos habló con gran entusiasmo sobre la Biblia, Jesús y varios pasajes bíblicos. Su voz, aunque suave, resonaba con una convicción que capturaba nuestra atención.

—¿Han leído alguna vez el Salmo 23? —preguntó, abriendo su biblia con cuidado—. Es uno de mis favoritos.

"El Señor es mi pastor, nada me faltará".

Mientras leía, el patio pareció llenarse de una calma extraña, como si el tiempo se hubiera detenido por un momento. Al terminar, cerró el libro y nos miró con una sonrisa sincera. —Dios siempre está con nosotros, incluso en los momentos más difíciles —dijo, y su voz sonaba a consuelo. Aunque no todos éramos religiosos, algo en sus palabras nos hizo reflexionar. Entre historias y risas, la tarde pasó volando. Antonio no solo habló de su fe, sino que también escuchó las nuestras, creando un diálogo genuino y respetuoso. Cuando el sol comenzó a ocultarse, Antonio se levantó y nos extendió la mano.

—Me gustaría volver mañana, si no les molesta —dijo con una sonrisa esperanzadora.

—Claro, siempre eres bienvenido —respondí, y los demás asintieron. Con un último "¡Dios los bendiga!", Antonio se despidió y se alejó, dejando el patio en un silencio reflexivo. Su visita, aunque breve, había sido como un soplo de aire fresco, un recordatorio de que, a veces, las conexiones más significativas llegan cuando menos las esperamos. Domingo por la mañana. Apenas asomaba el sol cuando Antonio tocó nuestra puerta con entusiasmo. A pesar de la resaca de la fiesta del día anterior, lo recibimos con curiosidad. Nos invitó a desayunar a los cuatro que compartíamos el apartamento y, con paciencia, compartió de nuevo sus creencias y su fe inquebrantable.

—Dios tiene un plan para cada uno de ustedes —dijo mientras partía un pedazo de pan—.

Solo necesitan abrir sus corazones. Con el tiempo, Antonio se convirtió en un visitante regular. Siempre nos encontraba en medio de la bebida y de las drogas, pero nunca nos juzgaba. Nos hablaba sobre cómo Dios podría restaurar nuestras vidas y liberarnos de nuestros vicios, aunque nosotros nos burlábamos de él. A veces, ni siquiera le abríamos la puerta, cansados de escuchar su mensaje constante. Nos divertía provocarlo. Le ofrecíamos cerveza, drogas y cigarros, le mostrábamos programas de televisión inapropiados, pero él siempre se mantenía firme, con una sonrisa tranquila y palabras llenas de compasión.

—Dios está conmigo —decía con calma—. Por eso no puedo ceder a lo que ustedes me ofrecen. La persistencia y fe de Antonio comenzaron a afectarme de manera profunda. Aunque al principio me burlaba de él, su presencia insistente y su mensaje persistente despertaron una inquietud en mi interior. Empecé a cuestionar las decisiones que había tomado y la dirección en la que mi vida se dirigía. A través de Antonio, comencé a vislumbrar una vida diferente: una vida sin excesos ni autodestrucción. Aunque todavía no estaba listo para aceptar por completo su fe, lo que yo no sabía era que en mi interior estaban siendo plantadas las semillas de cambio. Sus palabras y su ejemplo demostraron que había otra forma de vivir, una vida llena de paz y con propósito. Aunque mi camino hacia la transformación era largo y lleno de obstáculos, su influencia marcó el inicio de una nueva perspectiva y una búsqueda interna de respuestas y paz interior. Poco a poco, comencé a contemplar la posibilidad de cambiar, de hallar un propósito que me alejara del abismo en el que me encontraba. En retrospectiva, percibo a Antonio como un mensajero, alguien enviado por Dios para guiarme hacia un sendero distinto. Aunque no lo comprendía con claridad, su influencia fue crucial para el proceso de transformación que vendría después. Su persistencia y su amor incondicional me mostraron que había esperanza, incluso para alguien como yo, perdido en la penumbra.

En otra ocasión, el consumo excesivo de drogas me llevó al límite. Caí de cara dentro de la bañera, que contenía un poco de agua. No podía levantarme y me estaba ahogando; el exceso de aquella sustancia no me permitía ponerme en pie. De manera similar a la vez anterior, algo sobrenatural me sacó de esa tina, tirándome al suelo. Ahí me quedé dormido hasta el día siguiente.

—Claro, el poder de Dios tenía un propósito en mi vida; por eso Él me cuidaba, aun sin yo conocerlo —pensé con seriedad mientras yacía en el suelo, preguntándome quién me había sacado de la tina y por qué no me había dejado ahí. Me sentía una escoria, sumido en mis pensamientos. ¿Podrían haber sido Antonio y la mujer que me habían predicado la palabra quienes habían intervenido? ¿Podría ser que Dios en verdad exista? Cansado de esa vida malviviente, las horas pasaron muy lentamente. Después de un tiempo, un golpe en la puerta interrumpió mis pensamientos. Salí con la botella en la mano, y allí estaba Antonio.

—Vamos a la iglesia; el pastor vino a buscarte: te está esperando en el auto —anunció con impasibilidad. Me enojé y le solté algunas malas palabras.

—¿Por qué te entrometes en nuestras vidas? —le reproché con molestia. Pero él persistió. —Vamos a la iglesia: nos están esperando. ¡Dios puede cambiar tu vida! Vamos, nos esperan. En ese instante, algo se removió con gran intensidad en mi interior.

—Está bien, vamos. Dejé la botella en el suelo y, en mi estado de ebriedad y adicción, caminé junto a él hacia el automóvil. Nos subimos; el pastor me recibió con un afecto genuino.

—Hoy es un nuevo comienzo —dijo el pastor, mirándome a los ojos—. Dios tiene grandes cosas preparadas para ti. Mientras el auto arrancaba, sentí un poco de miedo, pero con una gran esperanza. No sabía qué me esperaba en la iglesia, pero algo en mí sabía que aquel era el primer paso hacia algo más grande, algo que Antonio había estado sembrando en mí desde aquella primera tarde soleada en el patio. Al llegar a la iglesia, me senté en el último banco, intentando pasar desapercibido. El ambiente era distinto a todo lo que había conocido antes. Los cantos de alabanza y adoración resonaban con una energía que parecía traspasar las paredes. Las voces se elevaban en armonía, llenando el espacio con una sensación de paz que contrastaba con el caos que llevaba dentro. Cuando el pastor subió al púlpito, su mensaje fue directo y lleno de convicción. Habló de redención, de segundas oportunidades y de un amor incondicional que podía sanar incluso las heridas más profundas. Sus palabras parecían dirigirse directamente a mí, como si supiera exactamente lo que estaba pasando por mi mente y mi corazón. Al finalizar su sermón, hizo el llamado:

—Hay alguien aquí, cansado de la vida que lleva. Dios te llama a restaurarte y a darte el amor que nunca recibiste. Pasa al frente; Él te espera con los brazos abiertos. Algo en esas palabras tocó una fibra sensible en mi interior. A pesar de la embriaguez y la drogadicción que aún nublaban mi mente, sentí una lucidez extraña, como si por primera vez en años pudiera ver con claridad. Sabía que Dios me estaba llamando, pero me resistí. Me aferré al banco, luchando contra una mezcla de miedo, vergüenza y duda. El pastor insistió, y en la tercera invitación, una mujer se acercó a mí. Su mirada era cálida, llena de una compasión que no entendía.

—Dios dice que lo aceptes en tu corazón —me dijo suavemente, extendiendo su mano hacia mí. No pude resistirme más. Me levanté, tambaleándome un poco, y ella me abrazó con una fuerza que parecía venir de algo más grande que ella misma. Me condujo hacia el altar, donde el pastor me esperaba con una sonrisa que transmitía esperanza.

—Repite conmigo —dijo el pastor, colocando una mano sobre mi hombro—. Señor Jesús, te recibo en mi corazón. Perdóname por mis pecados y hazme la persona que tú quieres que sea. Las palabras salieron de mi boca con dificultad al principio, pero a medida que las decía, algo dentro de mí comenzó a cambiar. Una sensación de alivio y paz me inundó, como si un peso enorme hubiera sido levantado de mis hombros. En ese momento, algo inexplicable ocurrió. Comencé a sudar de manera exagerada, como si mi cuerpo estuviera liberando todas las toxinas que había acumulado durante años. Sentí cómo el efecto de las drogas y el alcohol desaparecía casi instantáneamente, dejándome con una claridad mental que no había experimentado en mucho tiempo. Me vi a mí mismo con una honestidad brutal. Toda la vergüenza, el dolor y el arrepentimiento que había estado evitando salieron a la superficie. Las lágrimas rodaron por mis mejillas mientras los feligreses me miraban y aplaudían mi decisión. No eran aplausos de juicio, sino de celebración, como si todos supieran que algo extraordinario acababa de suceder. En ese instante, supe que mi vida podría cambiar para siempre. No era el final de mi lucha, sino el comienzo de algo nuevo. Antonio, aquel joven persistente que había tocado mi puerta una y otra vez, había sido el mensajero de un cambio que yo ni siquiera sabía que necesitaba. Y ahora, allí, en medio de aquella iglesia, había dado el primer paso hacia una vida que prometía ser diferente.

Esa noche, regresé a casa con un corazón alegre y un espíritu renovado. Me arrodillé en mi habitación y comencé a dialogar con Dios, agradecido por lo que había vivido en la iglesia. Las palabras fluían de mi boca con una sinceridad que no conocía, y mi corazón se llenó de una gratitud profunda. Ignoro cuánto tiempo duró mi oración, pero llegó un instante trascendental, un momento sobrenatural que marcó mi vida para siempre: mi primer encuentro con el Eterno. Mientras estaba de rodillas, algo increíble sucedió. Salí de mi cuerpo y ascendí al cielo a una velocidad acelerada. Me hallé en lo que entendí como el segundo cielo; un lugar donde las estrellas brillaban con una intensidad indescriptible y el vasto espacio que las rodeaba parecía infinito. Hablé en lenguas desconocidas, palabras que fluían de mi boca sin que yo las comprendiera, pero que resonaban con un poder divino. Las lágrimas corrían sin cesar por mis mejillas, y una paz inimaginable envolvía mi ser, junto con un amor que jamás había experimentado en este mundo. Anhelé quedarme allí, en ese lugar maravilloso donde todo era perfecto y lleno de luz. Pero, de repente, todo se desvaneció. Me vi suspendido en el aire, sintiendo una profunda inquietud. Del mismo modo que había ascendido, regresé a mi cuerpo. Abrí los ojos, bañado en lágrimas y con el corazón quebrantado, sabiendo que Dios me había inundado con su presencia. Desde ese día, no falté a ningún servicio. Mi vida comenzó a transformarse gradualmente. Mis otros tres compañeros de apartamento decidieron no acompañarme, a pesar de mis invitaciones. Sin embargo, continué mi camino hacia una nueva vida, consciente de que el encuentro con Dios había marcado un antes y un después en mi existencia. Me había llevado de la desesperanza y el vacío a una vida llena de propósito.

Pero no todo fue fácil. A partir de esos días, comencé a sufrir numerosas pesadillas nocturnas. Soñaba con perros dóberman del mismo tamaño que el mío, con grandes ojos rojos, que me mordían el cuerpo. Al despertar, sentía la tortura física de los ataques recibidos en los sueños, como si las heridas fueran reales. En una ocasión, me encontré solo en casa, listo para dormir. Mis compañeros habían salido a los lugares de parranda que siempre frecuentábamos. Era entre las once y las doce de la noche cuando me recosté para descansar. Tan pronto puse mi cabeza en la almohada, se materializó uno de esos perros del sueño, pronunciando estas palabras:

—Recuerda el pacto que sellaste con nosotros; no podrás huir, así porque sí. Mi memoria revivió el pacto que había hecho con ellos en el templo, en mis días de oscuridad. Comprendí que salir o escapar de aquel pacto sería muy complicado, casi imposible. Desesperado y lleno de temor, clamé a Dios con todas mis fuerzas. En ese instante, los perros desaparecieron. En experiencias posteriores, uno de ellos intentó atacarme, pero permaneció inmóvil. Caminé hacia él y comencé a golpearlo con todas mis fuerzas hasta quedar exhausto. Con dificultad para respirar, le pregunté:

—¿Por qué no me atacas ni te mueves? El perro respondió con una voz fría y llena de odio:

—Alguien está orando e intercediendo por ti; por eso no puedo moverme… no puedo hacer nada.

En ese momento, no sabía ni comprendía, en mis primeros pasos de fe, el gran poder e importancia de clamar a Dios e interceder por alguien. Pero aquella experiencia me enseñó que estaba librando una guerra espiritual, una batalla que no se peleaba con armas carnales, sino con el poder de Dios. Como dice en 2 Corintios 10:4:

"Porque las armas de nuestra milicia no son carnales, sino poderosas en Dios para la destrucción de fortalezas".

Cada noche de lucha, cada pesadilla y cada ataque espiritual me recordaban que el camino hacia la libertad no sería fácil, pero también me confirmaban que no estaba solo. Dios estaba conmigo, y su poder era más grande que cualquier pacto oscuro del pasado. Así transcurrieron varias semanas de la misma manera, hasta que, una noche, la hermana Acevedo convocó una vigilia en mi nombre, consciente de las batallas que enfrentaba y de la redención divina que se urdía a mi alrededor. Más tarde me contó que, en esa media noche de plegarias, los vidrios de la iglesia estallaron mientras los hermanos clamaban por mi liberación y por el rompimiento de cadenas y de pactos siniestros. Aunque el estruendo fue aterrador, su fe no vaciló. Pocos días después, los sueños y las visiones cesaron. Es crucial subrayar que la oración es una de las prácticas más poderosas y significativas en la vida del creyente. No solo fortalece nuestro vínculo con lo divino, sino que transforma, cambia y libera vidas. Orar unos por otros es un acto de amor y solidaridad que refleja el carácter de Dios. La Biblia nos insta a interceder unos por otros:

"Orad en todo tiempo con toda clase de oraciones y súplicas en el Espíritu, velando en ello con toda perseverancia y súplica por todos los santos" (Efesios 6:18).

Con el transcurrir de los días, las cadenas emocionales y los traumas resonaban en mi interior. La influencia de mis compañeros de apartamento exacerbaba mi lucha. Intentaron tentarme con mujeres, estupefacientes y alcohol, presionándome para que abandonara mi fe y regresara a mi antigua vida.

—¿Qué te pasa? —me decían, riendo—. ¿Ya no eres el mismo de antes? ¡Vamos, una noche no te hará daño! Pero mi fe, aunque joven, se robustecía día a día. Resistí las tentaciones con una convicción y determinación inquebrantable. Sabía que aquella nueva vida que había encontrado en Cristo valía más que cualquier placer momentáneo que el mundo pudiera ofrecerme.

—No —les respondía con firmeza—. Ya no soy el mismo. Dios me ha cambiado, y no pienso volver atrás. Aunque las presiones eran fuertes y las tentaciones constantes, algo dentro de mí había cambiado para siempre. La oración de los hermanos, la intercesión de la hermana Acevedo y, sobre todo, la presencia de Dios en mi vida, me sostenían en medio de la tormenta. Cada día era una nueva oportunidad para fortalecer mi fe y alejarme más de aquel abismo del que había sido rescatado. Y aunque el camino no era fácil, sabía que no estaba solo. Dios estaba conmigo, y su poder era más grande que cualquier cadena del pasado.

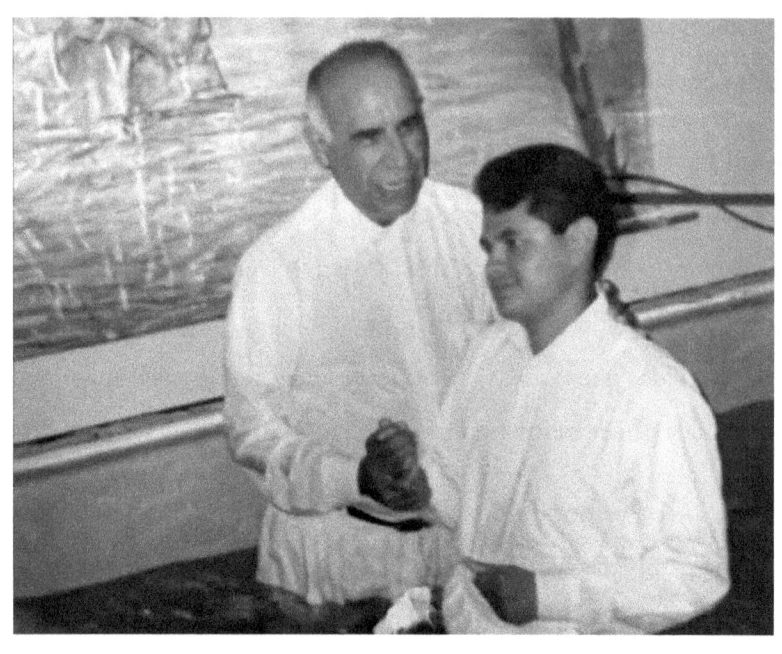

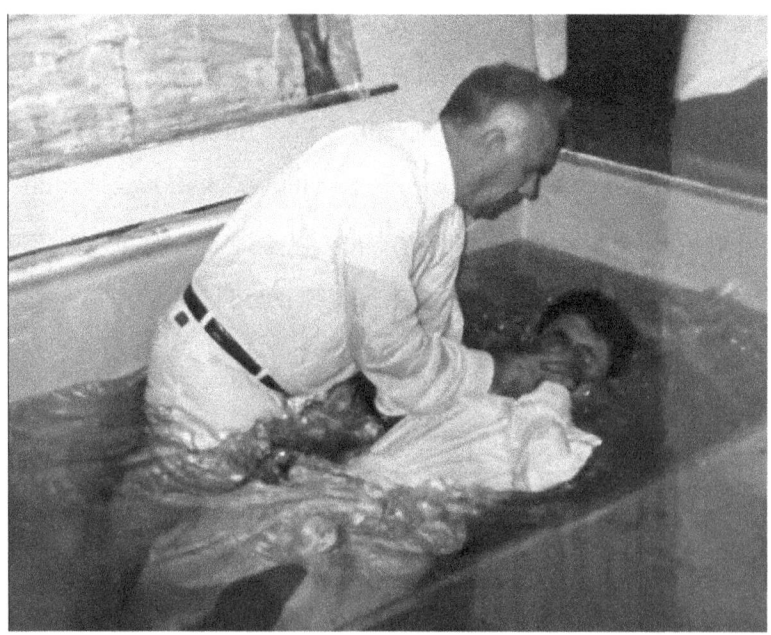

Capítulo 12: Regreso

Al pasar los meses, me encontré en un mar de reflexiones. La lucha interna se intensificaba. Me debatía entre el anhelo de transformación y las cadenas del pasado, que amenazaban con arrastrarme de nuevo hacia el abismo del cual había salido. El constante acompañamiento de mis compañeros de habitación enturbiaba aún más mi lucha diaria. Tras un servicio de viernes por la noche, me sorprendió encontrarme con antiguos camaradas de rumba, aquellos con quienes solía frecuentar los antros de vicio. Nos saludamos con agrado; al finalizar el culto, me propusieron con aparente amabilidad: "Ven, te llevamos a casa en el auto". Acepté. En el trayecto, decidieron desviarse hacia uno de nuestros antros habituales. Me aseguraron que no había problema en asistir a la iglesia y disfrutar, siempre y cuando mantuviera las apariencias. Sacaron una bolsa repleta de polvo blanco y comenzaron a consumirla con desenfreno. Me ofrecieron y acepté con gusto, pues había pasado mucho tiempo desde mi última dosis. Entramos al antro, donde predominaban la fiesta, el perico y el baile. Salimos al día siguiente, y me llevaron a casa. A partir de entonces, comencé a consumir cocaína y alcohol cotidianamente, se convirtió en algo normal en el día a día.

Pensé que era algo normal, aunque, en el fondo, sabía que solo me estaba engañando para volver atrás a algo que me gustaba, así que hice castillos en el aire: siempre y cuando mantuviera una conducta adecuada y asistiera regularmente a la iglesia, todo estaría bien. Cada fin de semana, después de las reuniones, decidíamos quién costearía las bebidas y el perico, al igual que un juego de azar. Las ataduras de los vicios eran más fuertes en mi ahora, en un servicio de viernes como joven activo de la iglesia me toco recolectar la ofrenda, antes de entregar la ofrenda a la persona correspondiente, sustraje lo necesario para los gastos de esa noche.

(Por eso es sumamente importante que los lideres de cada congregación, certifiquen que las personas con algún privilegio, realmente se den a la tarea de discernir y preguntar al Espíritu Santo, si el participante es apto para algún privilegio.)

Me sumergí de nuevo en ese mundo de autodestrucción, donde la luz de la redención parecía cada vez más lejana. Pero aún había una chispa de esperanza, una voz interior que me susurraba que podía cambiar, que podía encontrar la salida de ese laberinto de tinieblas. ¿Sería capaz de escucharla y encontrar el camino de regreso a la luz? Solo el tiempo lo diría. Formamos parte de un grupo de jóvenes activos que realizamos varias confraternidades con otras iglesias, participando en campañas, vigilias y diversos servicios. Un día, jóvenes de otra congregación me vieron caminar por la calle y decidieron parar el auto para invitarme:

—El próximo viernes hay una campaña juvenil, ¿te animas? Si no tienes vehículo, pasamos por ti.

—¡Claro! —respondí—. Estaré allí. Voy en mi auto; nos vemos allá, Dios mediante. El día antes del evento, decidí abstenerme de cualquier vicio para estar en óptimas condiciones para la ocasión.

Era una cálida tarde de verano cuando decidí asistir al evento en la Iglesia ubicada en la calle Hoover de Los Ángeles. No era la primera vez que iba, pero ese día sentí algo diferente en el ambiente. Mientras la música de alabanza llenaba el aire, experimenté una calma inusual, como si algo especial estuviera por suceder. Puntualmente, me coloqué en los asientos centrales. Durante esa campaña, una joven llamada "Yessi" caminó lentamente por el pasillo en busca de un lugar para sentarse. Nuestros ojos se encontraron y fuimos envueltos por una conexión silenciosa por un instante. Sonreí con timidez, y ella me devolvió la sonrisa antes de encontrar su asiento unas filas más adelante.

Al terminar el servicio, no pude resistirme y, me acerqué a Yessi. Le pregunté su nombre y, entre risas nerviosas, descubrimos de manera sorprendente que vivíamos a solo unas calles de distancia. Esa pequeña coincidencia marcó el comienzo de una hermosa amistad, que pronto se transformaría en algo más. Durante las semanas siguientes, iniciamos un proceso de acercamiento, pasando más tiempo juntos. Nos encontrábamos con frecuencia después de los servicios para compartir un café y conversar sobre temas triviales. Intercambiamos nuestros sueños, temores e historias de vida, fortaleciendo nuestro vínculo. Me percaté de que Yessi era una persona excepcional, alguien que no solo comprendía mi lucha interna, sino que también me inspiraba a ser una mejor versión de mí mismo.

Un domingo por la mañana, después de la iglesia, decidí invitar a Yessi a un picnic en el parque cercano. Preparé una cesta con nuestras comidas favoritas y encontramos un rincón tranquilo bajo un gran árbol. Mientras compartíamos bocados y risas, sentí que mi corazón se llenaba de una calidez que nunca había experimentado.

—Yessi, hay algo que quiero decirte —tomé suavemente su mano:

—Desde que te conocí, mi vida ha cambiado para mejor. No solo me has ayudado a fortalecer mi fe, sino que también me has mostrado lo que significa amar y ser amado. Yessi me miró con ternura y respondió:

—Alex, yo también siento lo mismo. Cada segundo contigo es un regalo precioso, y sin ti, mi vida carecería de sentido.

A partir de ese día, Yessi y yo comenzamos a construir nuestra vida juntos. Asistíamos a la iglesia en cada servicio, no solo para fortalecer nuestra fe, sino también para agradecer el haber encontrado el amor. Juntos, participábamos en actividades comunitarias, asistíamos a estudios en casas y ayudábamos a organizar eventos. Nos convertimos en un ejemplo de amor y dedicación para los demás.

Busqué alejarme de la vida turbulenta que conocía, aunque Yessi desconocía por completo mi pasado y las circunstancias de mi sustento. Me esforzaba por mantener ocultos esos episodios oscuros, deseando protegerla de los aspectos de mí mismo de los que no me sentía orgulloso.

Nuestra relación crecía cada día que pasaba. Yessi y yo compartíamos vivencias profundas, fortalecidos por nuestras experiencias en la iglesia y por nuestras conversaciones íntimas. Ella me inspiraba a ser mejor, a dejar atrás mis antiguos hábitos y a enfocarme en construir un futuro juntos basado en valores sólidos y amor genuino. A medida que nuestro amor florecía, sentía una paz que nunca había experimentado. Yessi me mostraba un camino hacia lo que había soñado por muchos años, guiándome con su comprensión y con su apoyo incondicional. Juntos, enfrentamos los desafíos de la vida con una valentía inquebrantable, tejiendo una historia de amor que superaba cualquier obstáculo.

Sin embargo, poco antes de nuestra boda, Yessi descubrió mi doble vida y el origen de mis ingresos. Decidió romper nuestro compromiso y mudarse a Texas con su hermano. Más tarde, me confesó que había orado a Dios pidiendo claridad sobre nuestra relación. Si yo era el hombre destinado para ella, rogó a Dios que me llevara a su lado y me apartara de los vicios y malos caminos. De lo contrario, suplicó que Dios sanara su corazón y la ayudara a olvidarme para siempre.

Días después, recibí una llamada telefónica de Yessi. Contesté, esperando que fuera para hablar sobre nosotros, pero en lugar de eso, me dijo:

—Alex, solo quería llamarte para decirte que he estado orando por ti. Quiero que sepas que te amo, pero que no puedo estar contigo. Espero que puedas entender eso. Me sentí conmovido por su llamada y su preocupación por mí.

—Yessi, gracias por llamarme —le dije—. Significa mucho para mí saber que estás orando por mí. Te amo, Yessi. Siempre te amaré. Yessi suspiró y me respondió:

—Alex, por favor, no me digas eso. Solo quiero que sepas que te deseo lo mejor. Adiós.

—Yessi, te amo —le dije, mi voz llena de emoción—. Siempre te he amado. Y quiero saber si hay una posibilidad de que podamos empezar de nuevo.

—Alex, no puedo andar con un hombre que vive una doble vida —me respondió Yessi con tristeza—. No puedo confiar en alguien que no ama a Dios de verdad. Lo siento, Alex. Realmente lo siento.

Me sentí como si me hubieran golpeado en el estómago. Sabía que tenía razón, pero no quería aceptarlo.

—Yessi, por favor…, —comencé a decir, pero ella me interrumpió.

—No, Alex. No hay nada más que hablar. Te entrego en las manos de Dios, y te deseo lo mejor. Dios te bendiga. Adiós.

Y con eso, colgó el teléfono. Me quedé allí, solo y triste, sabiendo que había perdido a la persona que más amaba.

Me quedé atrapado en la ciudad, y mi vida tomó un giro peligroso. Abandoné la iglesia y recaí en mis antiguos vicios. En un giro del destino, unos criminales comenzaron a acecharme para vengarse por los robos de autos que cometimos. Logré escapar en varias ocasiones, escondiéndome de ellos sin ser detectado. Sin embargo, sabía que no podía quedarme allí, pues las consecuencias de mis acciones serían fatales. Angustiado, conseguí el número de teléfono de Yessi y la llamé en busca de una salida.

—Yessi, mi vida corre peligro, me acechan para acabar conmigo. Desesperado, clamé auxilio—: ¡Necesito escapar de aquí; me están buscando para matarme! ¡Ayúdame!

Su respuesta fue un rayo de esperanza:

—Deja que hable con mi hermano; te prometo que te sacaré de allí.

¡El suspenso fue interminable, pero aun así con todo y lo que estaba pasando Dios me hablo claramente, huyendo por las calles entre la Pacific Coast, Hwy., y Long Beach, Blvd., en Long Beach, se acercó a mi un niño que estaba evangelizando, me entrego en mi mano un tratado que decía:

¡Escapa por tu vida!

Entendí en ese momento que realmente tenía que salir de ese lugar y que Dios, en su misericordia me estaba advirtiendo que mi vida estaba a punto de ser colapsada. En ese momento clame por ayuda en mi mente:

—¡Dios mío perdóname! ¡Ayúdame! por favor. Tres horas después al fin llegó la llamada que cambió mi destino:

—Está bien, te compré el boleto de avión, ¡huye!

Sin perder un segundo, empaqué lo esencial y dejé atrás la ciudad que había sido mi prisión. Me dirigí al aeropuerto con el corazón en un puño, temiendo cada sombra y cada ruido que resonaba a mi alrededor. Sentía que el tiempo no se movía, mientras esperaba en el mostrador de vuelos. Finalmente, el momento crucial llegó. Recibí el boleto de avión que Yessi había comprado y me dirigí apresuradamente hacia la puerta de embarque. La adrenalina fluía por mis venas mientras abordaba el avión, sintiendo alivio, mezclado con una extraña danza emocional. Durante el vuelo, miré por la ventanilla con el corazón en la mano, orando en silencio para que este fuera el comienzo de una nueva vida. A cada turbulencia, mi nerviosismo crecía, pero también crecía mi esperanza de un futuro diferente, lejos de las sombras del pasado. Al aterrizar en mi nuevo destino, sentí y respiré profundamente el aire fresco y contemplé el horizonte con ojos llenos de determinación. Yessi y su hermano me recibieron con los brazos abiertos, ofreciéndome refugio y protección en ese lugar desconocido que ahora era parte de mi nuevo hogar.

Juntos, comenzamos a trazar un nuevo sendero, uno libre de los peligros y trampas que habían amenazado mi vida anteriormente. Agradecía cada día la oportunidad de empezar de nuevo, sabiendo que Yessi había sido mi ángel guardián en los momentos más oscuros. El amor y la gratitud inundaban mi corazón mientras miraba hacia el futuro con renovada esperanza, dispuesto a reconstruir una vida llena de paz y amor al lado de Yessi.

Pero… no todo fue así de fácil como lo esperaba. De manera espiritual y mental, sufrí tremenda persecución. Cada día era una batalla interna, luchando contra pensamientos negativos y dudas que me acosaban sin cesar. Me encontré enfrentando miedos que nunca antes había experimentado.

Capítulo 13: Enlace celestial

La existencia me había traicionado de la manera más cruel. Estaba inmerso en un mundo de drogas y violencia, y había perdido toda esperanza. Sin embargo, un encuentro afortunado con Yessi y con su hermano encendió una pequeña luz de esperanza. Dios, en su infinito amor y misericordia, me brindó una última oportunidad de abandonar la vida pecaminosa. Sin embargo, el camino hacia la salvación no sería fácil. Una potestad maligna se apoderó de mí, desde la primera noche que llegue a Texas, sumergiéndome en una agonía indescriptible durante días interminables. El terror se convirtió en mi compañero inseparable. Dormir era un martirio; caminar por las calles una tortura. La paranoia me consumía; el pánico que sentía era atroz; pensaba en todo momento que alguien me perseguía para terminar con mi vida. Durante las noches, sombras siniestras se filtraban sobre mí, asfixiándome con su presencia. De repente, figuras difusas comenzaban a materializarse en mi habitación, sus contornos borrosos y amenazantes. Sentí que me estaban rodeando, acorralándome sin escapatoria. Las sombras cobraban vida, moviéndose con una lentitud inquietante, que disfrutaran de mi miedo. Mi corazón latía con una fuerza desesperada, como si tratara de escapar de mi pecho. Mi alma se sentía atrapada en un abismo sin fondo. La oscuridad parecía palpitar con una energía maligna, y yo me sentía al igual que un insecto atrapado en una telaraña de terror. Aunque prendía todas las luces para evitar ver a esos seres, se apagaban sin previo aviso, sumergiéndome en una oscuridad total. Y no importaba cuántas veces intentara encenderlas, no prendían más. Era una fuerza invisible que controlaba la electricidad, dejándome a merced de las tinieblas. Y entonces, sentía toques eléctricos en mi corazón, era una corriente maligna que manaba por mis venas. Era un dolor agudo y punzante, golpeando mi pecho que me dejaba sin aliento. De repente, como mencione en capítulos anteriores, otra vez los perros dóberman empezaban a aparecer, sus ojos rojos brillando en la oscuridad. Se acercaban a mí, gruñían con gran ferocidad, con enormes colmillos y mandíbulas abiertas, listos para atacar. Sentía sus dientes afilados mordiendo mi cuerpo, especialmente mis partes íntimas que eran desgarrados por una fuerza brutal. Y entonces, una voz susurrante parecía susurrar en mi oído: "Pronto estarás con nosotros... pronto morirás". La voz era comparable a un cuchillo que cortaba mi esperanza, dejándome desnudo y vulnerable. Mi cuerpo se debilitaba, de tal manera que la vida se estuviera escapando de mí. El padecimiento era insoportable, un dolor que me consumía por dentro sentía que estaba en el infierno mismo, rodeado de demonios que saboreaban mi sufrimiento. La oscuridad era mi tumba, y yo estaba enterrado vivo, sin escapatoria. El tormento era mi realidad, y yo estaba condenado a sufrir por toda la eternidad.

Yessi y su hermano, con una fe inconmovible, oraban fervientemente por mi liberación. Sus plegarias ascendían al cielo, implorando por un milagro. Yo, por mi parte, me sentía cada vez más agotado; no comía, no dormía. Espíritus demoníacos me perseguían sin descanso, robándome la paz y la tranquilidad. Cada noche se convertía en una batalla por sobrevivir a esos demonios que me atormentaban. Exhausto, totalmente desesperado, me levanté de la cama, empapado en sudor y con el corazón palpitando desbocado. Caminé hacia la ventana, buscando un destello de consuelo en el cielo nocturno. Ya no podía soportar el peso de las potestades que me oprimían. Cansado y con lágrimas de impotencia que brotaban sin parar, elevé mi vista hacia el cielo y grité con todas mis fuerzas: ¡Dios mío! ¡Libérame de este tormento! ¡No puedo más! ¡Rompo todo pacto con las tinieblas y hago pacto contigo, prometo servirte totalmente, perdóname, quita todo esto de mí! ¡Por favor Ayúdame! Mi grito desesperado se desvaneció en el aire. Un silencio expectante me envolvió y una paz inesperada llenó mi ser. Era como si mis palabras hubieran atravesado las barreras del tiempo y del espacio, y llegaron al mismísimo corazón de Dios. En un instante, un calor suave comenzó a extenderse desde el centro de mi ser, bañándome con una luz dorada que reconfortaba todo mi ser. Era la mano de Dios que toco mi cuerpo y mi alma, fui liberado de las cadenas que me mantenían esclavizado. En esa noche memorable, la intervención divina me envolvió y me sumergió en su presencia, expulsando para siempre los demonios que me habían atormentado. Por primera vez en mi vida, dormí sin temor, acurrucado en los brazos reconfortantes de la paz y el amor de Dios. Al amanecer, me levanté renovado, un peso inmenso se había caído de mis hombros.

Cada día desde entonces, desperté con una nueva determinación de fortalecer mi relación con el Señor. El camino hacia la liberación no había sido fácil, pero la luz de Dios había triunfado sobre las tinieblas. Encontré la paz y la libertad que tanto anhelaba, y comencé a dedicar mi vida a servirlo con fe y devoción. Comprendí en ese momento que, regresar atrás a la vida de pecado y el ser un cristiano de apariencia con pecados ocultos trae desgracia y destrucción, la palabra dice: "Cuando el espíritu inmundo sale del hombre, anda por lugares secos, buscando reposo; y no hallándolo, dice: Volveré a mi casa de donde salí. Y cuando llega, la halla barrida y adornada. Entonces va, y toma otros siete espíritus peores que él; y entrados, moran allí; y el postrer estado de aquel hombre viene a ser peor que el primero". (Mateo 11:24-26).

Como ya lo mencioné anteriormente, aunque la hermana Acevedo, junto con los hermanos de la congregación oraron e intercedieron por mi causa, en esa vigilia para romper los pactos satánicos, que había hecho, fue allí, donde se quebraron los vidrios de la Iglesia, señal del rompimiento del pacto satánico que había hecho en mi vida. Lamentablemente no perseveré ni me mantuve firme, dando acceso legal nuevamente cuando regresaron aquellos demonios a mi ser, los que alguna vez me protegieron y ayudaron ahora habían venido con sed de venganza.

Estoy muy agradecido con el Señor por ayudarme y rescatarme a tiempo de ese tormento. Con un corazón rebosante de gratitud, me embarqué en una búsqueda incansable del rostro de Dios, agradeciéndole por haberme rescatado del abismo de sufrimiento en el que me encontraba. Mis días se transformaron en un oasis de espiritualidad. La oración, y el estudio de la Biblia, se convirtieron en mis pilares fundamentales, y fortalecieron mi conexión con el Señor. En cada verso, en cada oración, encontraba un mensaje de esperanza y redención que alimentaba mi alma y me guiaba hacia un futuro luminoso. En medio de este renacer personal, mi vínculo con Yessi se fue fortaleciendo de manera natural. Nuestros corazones, antes unidos por la adversidad, ahora se entretejían en amor, fe y esperanza. Compartíamos sueños, esperanzas y anhelos, brindándonos apoyo mutuo en nuestro camino espiritual. La decisión de unirnos en matrimonio surgió en una expresión tangible de este amor profundo, un deseo de consagrar nuestra vida en pareja ante Dios y ante nuestros seres queridos. Inmediatamente se hicieron los preparativos para nuestra boda; por fin reinaba la luz sobre las tinieblas.

Nuestra boda fue un sueño hecho realidad, un día que quedó grabado para siempre en lo más profundo de nuestro corazón. La ceremonia se celebró en una majestuosa iglesia, donde la luz celestial se filtraba a través de sus ventanales de antaño, bañando todo con un resplandor celestial. La nave central, adornada con flores blancas y con velas encendidas, creaba una atmósfera de pureza y de serenidad, un escenario perfecto para celebrar nuestro amor eterno. Amigos y familiares se congregaron, y llenaron los bancos, contagiados de la alegría que emanaba de nuestros corazones. Al son de un himno suave y reverente, mi amada Yessi, radiante como una princesa de cuento de hadas, caminó por el pasillo acompañada por su hermano. Su vestido blanco hecho a mano, con detalles de encaje, que brillaba con un resplandor que, reflejaba la belleza interior que la caracterizaba.

Sus ojos brillaban de felicidad, y una sonrisa serena iluminaba su rostro. Cada paso que daba hacia el altar era una promesa de amor eterno y fe compartida, un compromiso que ambos asumíamos con total entrega. Yo la esperaba en el altar, impaciente con mucha emoción de gratitud a Dios. Vestía un traje negro clásico, con un lirio blanco en el ojal, símbolo de nuestra pureza y de nuestro compromiso con Dios. Cuando nuestras miradas se encontraron, sentí una oleada de amor y de seguridad que recorrió todo mi ser. En ese instante, supe que estábamos destinados a estar juntos, que Dios nos había unido para cumplir un propósito divino.

De la mano de mi amada esposa, emprendimos un nuevo camino lleno de esperanza y amor. Juntos, enfrentamos los retos de la vida con fe inquebrantable, apoyándonos mutuamente en cada paso. Nuestra relación se convirtió en un faro de luz que guiaba a quienes nos rodeaban, inspirándolos a creer en el poder transformador del amor y la fe. Nuestra boda, símbolo de nuestro amor eterno, nos acompaña en cada momento. El milagro de la redención, la fuerza del amor verdadero y la bendición de haber encontrado a nuestra alma gemela. Agradecidos por las pruebas superadas y por las bendiciones recibidas, miramos hacia el futuro, llenos de optimismo, seguros de que Dios nos seguirá guiando en este camino de amor y de plenitud. El eco de la voz del pastor, un hombre sabio y piadoso, resonaba en la iglesia con solemnidad espiritual, mientras oficiaba nuestra ceremonia. Sus palabras, impregnadas de la sabiduría de las sagradas escrituras, nos recordaban la importancia del amor, la paciencia y la fidelidad, pilares fundamentales del hogar que estábamos a punto de construir. Con corazones llenos de emoción y con voces teñidas de una dulce timidez, intercambiamos votos, y nos comprometimos a un amor eterno y a un apoyo incondicional que desafiaría las pruebas del tiempo. En cada palabra, en cada gesto, se reflejaba la fe profunda que compartíamos, una fe que nos unía no solo como pareja, sino también para cumplir el propósito y designios de Dios, destinados a recorrer un camino juntos. Al concluir la ceremonia, una multitud de rostros sonrientes nos acompañó al salón de recepciones, donde un banquete exquisito nos esperaba. La decoración elegante, con manteles de lino blanco que relucían bajo la tenue luz y centros de mesa florales que perfumaban el ambiente, creaba un marco perfecto para la celebración. Cada plato, cuidadosamente preparado y presentado, deleitaba a los presentes, despertando los sentidos y coronando la ocasión con un festín digno de hijos del Gran Rey. Los brindis y discursos, llenos de cariño y de buenos deseos, fluían en un río de emociones, consolidando la unión de nuestras vidas en un día tan especial. Risas, lágrimas, felicidad y abrazos sinceros se entrelazaban en un torbellino de alegría, creando una atmósfera de la gracia y amor de Dios, que permanecería grabada en nuestros corazones para siempre.

Nuestra boda no fue solo una celebración, sino un reflejo tangible de la gran victoria en nuestras vidas. Detalles, sonrisas y cada palabra susurrada eran una expresión de nuestro compromiso de construir una vida juntos, guiados de la mano del Eterno y por los valores cristianos que habían moldeado nuestro carácter. Este evento no solo marcó el inicio de nuestro matrimonio, sino que también representó un recordatorio de la importancia de la fe en Dios y sus promesas cumplidas. Él había transformado mi vida; me había dado un nuevo horizonte y me había unido con una compañera que compartía mi fe, mi amor y mi camino.

Juntos, estábamos listos para enfrentar el futuro con la certeza de que, con Dios de nuestro lado, no había obstáculo insuperable ni desafío que no pudiéramos superar. En cada rincón del lugar, se sentía la presencia divina. Los amigos y familiares reunidos no solo celebraban nuestra unión, sino también la manifestación del amor de Dios en nuestras vidas. Las palabras de aliento y las bendiciones se sucedían una tras otra, llenando el aire de esperanza y alegría. El brillo en los ojos de nuestros seres queridos reflejaba la paz y la felicidad que solo la fe puede ofrecer. A medida que la noche avanzaba, las estrellas en el cielo parecían unirse a nuestra celebración, brillando con una intensidad especial. Nos tomamos de las manos y, en silencio, agradecimos por las bendiciones recibidas y por la promesa de un futuro lleno de amor y compromiso. Sabíamos que el camino no siempre sería fácil, pero estábamos dispuestos a enfrentar cada desafío juntos, apoyándonos en nuestra fe y en el amor que nos había unido. Cada momento de esa noche quedó grabado en nuestras memorias como un testimonio del poder transformador de la fe y el amor. Y así, con corazones llenos de gratitud y esperanza, comenzamos nuestro viaje juntos, seguros de que, con Dios guiando nuestros pasos, nuestro amor crecería y se fortalecería con cada día que pasara. El sonido de la música suave en el fondo acompañaba las risas y las conversaciones, creando un ambiente cálido y acogedor. Las luces parpadeantes de las velas añadían un toque mágico a la noche, iluminando los rostros de aquellos que compartían nuestra alegría. Cada gesto, cada mirada, hablaba de la profunda conexión y el amor que nos rodeaba. Mientras caminábamos entre los invitados, sentíamos una ola de amor y apoyo que nos envolvía. Los abrazos eran más cálidos, las palabras más significativas y las sonrisas más sinceras. Era un recordatorio constante de que no estábamos solos en este viaje, sino que teníamos a una comunidad de seres queridos que nos apoyaba incondicionalmente.

Uno de los momentos más emotivos de la noche fue cuando nuestros pastores nos brindaron sus bendiciones. Sus palabras, llenas de sabiduría y amor, resonaron en nuestros corazones, reafirmando el compromiso que habíamos asumido. Nos hablaron de la importancia de la comunicación, la paciencia y la comprensión mutua, pilares esenciales para construir una vida juntos. A medida que la noche llegaba a su fin, nos despedimos de cada invitado con un profundo agradecimiento. Sabíamos que cada persona presente había dejado una huella en nuestra historia, y que cada bendición recibida sería una guía en nuestro camino. Con el corazón lleno de alegría y esperanza, nos dirigimos a nuestro nuevo hogar, listos para comenzar esta aventura de la mano de Dios.

Capítulo 14: Ministerio

Días después de nuestra boda, mi esposa emprendió varios viajes misioneros a diferentes países, llevando la palabra del Señor a diversas naciones. La presencia de Dios la acompañaba en cada momento, manifestando los dones del Todopoderoso, sanidades, palabra de ciencia, profecía, por mencionar algunos, como dice la escritura en 1 Corintios 12. La gloria del Eterno se hacía sentir por doquier que se presentaba, dejando un rastro de bendiciones en su camino. Mientras ella difundía la palabra con fervor, yo me dedicaba a buscar el rostro del Señor y a interceder por ella en mi hogar. En una ocasión, recuerdo claramente, al estar sumergido en oración, elevando mis súplicas a Dios. Tuve una intervención sobrenatural en la habitación. De repente, se me aparecieron dos ángeles con una luz resplandeciente y con una estatura imponente, con vestiduras blancas brillantes y con cinturones de oro radiantes, con una intensidad sobrenatural, su luz propia. Sus sandalias eran brillantes, de color oro. Solo pude mirar hasta arriba del cinto dorado que amarraba sus vestiduras, pero fue suficiente para sentir una sensación de asombro y reverencia. Uno de ellos me indicó que me arrodillara; he inmediatamente obedecí. En ese instante solemne, me entregó una espada brillante, que simboliza la fuerza para librar batallas espirituales. La tomé en mis manos temblorosas y la envainé en mi cinturón, sintiendo una oleada de luz y calor que recorría mi cuerpo. Luego, el otro Ángel me entregó un libro, Las Escrituras, la palabra de Dios, fuente de sabiduría divina y guía, para alumbrar el camino. Al tomar la biblia en mis manos, el éxtasis de la visión se desvaneció, y me encontré arrodillado, llorando de gratitud y de emoción, ante la presencia de Dios que llenaba la casa de manera palpable, envolviéndome en una paz indescriptible. Me sentí agradecido por su visita y me di cuenta de que estaban allí para revestirme y proporcionarme las herramientas necesarias para continuar mi peregrinaje. Me encontré fortalecido y renovado después de su visita, y supe que siempre Dios estará conmigo, guiándome, y protegiéndome en mi caminar.

En cuanto a Yessi y a mí, en ese momento, supe que el Señor está con nosotros, conduciéndonos y fortaleciéndonos para la obra que teníamos por delante. Estas experiencias afirmaron que la obra del Señor no tiene fronteras y que su manifestación puede transformar cualquier lugar en un santuario, convirtiéndolo en un espacio sagrado. La misión de mi esposa y mi búsqueda personal de Dios eran dos caras de la misma moneda, ambas necesarias para llevar su luz al mundo. Cada oración, cada visión, cada encuentro con lo Divino reforzaba nuestra fe y me llenaba de una proyección renovada, sabiendo que, a través de nosotros, Dios estaba obrando maravillas. Juntos, como pareja y como instrumentos de la voluntad del Señor, recorríamos caminos llenos de desafíos y bendiciones, llevando la palabra donde Dios nos dirigiera. Una noche, mientras dormía, una voz me despertó y resonó en mi corazón con una claridad que jamás había experimentado. Era la voz del Señor, poderosa, imponente e inconfundible, que pronunciaba palabras que marcarían un nuevo rumbo en nuestra vida:

"Inicia una obra —me instó—, Voy a abrir puertas".

Me levanté de un salto, con el corazón acelerado, lleno de emoción. Desperté a mi esposa, quien me miró con ojos llenos de asombro y de preocupación ante mis palabras.

—¿Estás seguro de que fue Dios? —preguntó con voz temblorosa.

—Sí, claro que fue Él —le respondí con convicción—.

Su voz resonó en mi interior con una claridad que no admitía dudas. Sin titubear, abrazamos el llamado del Señor con la fe inquebrantable que siempre nos había unido. Esa misma semana, unos familiares de mi esposa nos contactaron y nos compartieron que Dios les había hablado en su corazón, indicándoles que viajáramos a Louisiana.

La comunidad nos recibió con brazos abiertos. Cada día se convertía en una aventura espiritual, donde veíamos la mano de Dios guiándonos y proveyendo en formas inimaginables. Empezamos a organizar estudios semanales, donde se compartían testimonios de fe y se fortalecían los lazos comunitarios. La voz de Dios no solo nos había llamado a nosotros, sino que también estaba tocando los corazones de aquellos que se unían a nuestras reuniones. Uno de los momentos más memorables fue cuando una familia entera decidió entregar su vida a Cristo después de una serie de estudios bíblicos. La alegría y el gozo en sus rostros eran un testimonio vivo del poder transformador del Evangelio. Este evento nos reafirmó en nuestro propósito y nos llenó de una renovada motivación para seguir adelante.

Con el tiempo, comenzamos a ver frutos de nuestro esfuerzo. Las semillas que plantamos en esos corazones empezaron a germinar, y la comunidad creció en número y en fe. Cada testimonio de vida transformada se alzaba como un eco perpetuo de la promesa divina que, bajo el manto Celestial de aquella noche, nos fuera revelada. la certeza de que Dios abriría puertas insospechadas y guiaría nuestros pasos con mano firme. Mientras meditábamos en los sucesos que habían marcado nuestro camino, caímos en la cuenta de que nuestra obediencia al llamado supremo no solo había alterado el curso de nuestras existencias, sino que también había dejado una huella imborrable en el corazón de incontables almas. Aquella experiencia resultaba sobrecogedora, casi inefable en su magnitud.

En cierta ocasión, mientras mi esposa recorría los pasillos de una tienda, una mujer, con semblante angustiado y voz entrecortada, se acercó a ella. Con palpable ansiedad, le confesó su profundo anhelo de recibir estudios bíblicos en la intimidad de su hogar. Era evidente que el Señor, en su infinita sabiduría, orquestaba cada encuentro, cada instante propicio para sembrar su palabra en tierra fértil. Con humildad reverente y obediencia inquebrantable, emprendimos aquella nueva etapa, conscientes de que no éramos más que instrumentos en manos del Alfarero. Poco a poco, como si el universo mismo conspirara a nuestro favor, nuevas puertas se abrieron ante nosotros, invitándonos a cruzar umbrales que antes parecían impenetrables. Una iglesia anglosajona, impregnada de un espíritu acogedor, nos recibió con los brazos abiertos, ofreciéndonos un espacio donde celebrar nuestros servicios. Al principio, el número de asistentes era reducido, casi íntimo, pero la presencia del Espíritu Santo se manifestaba con una fuerza arrolladora, atrayendo a multitudes que, sedientas de verdad, encontraban refugio en aquel lugar. Cada rostro, cada historia, cada lágrima enjugada era un recordatorio viviente de que, en medio de la oscuridad, la luz de Cristo brillaba con intensidad inigualable. Nosotros, simples instrumentos en las manos del Señor, caminando por la senda que Él había trazado, llenos de gratitud por la oportunidad de servirle. En el bullicio de una ciudad vibrante, nuestra pequeña congregación se reunía, martes, viernes y domingo, animada por la fe inquebrantable y por el liderazgo compasivo que Yessi y yo ejercíamos. Aunque nuestra iglesia era de tamaño modesto, el impacto que tuvo en las vidas de nuestros miembros fue nada menos que extraordinario. A Él sea la gloria por siempre, porque Él vino a buscar y a salvar lo que se había perdido. Sin embargo, en medio de esta entrega de bendiciones, una prueba inesperada sacudió mi fe.

Un viernes por la noche, justo antes de iniciar el servicio, recibí una llamada, la cual me dejó paralizado: la abuela estaba en el hospital, gravemente enferma y con poco tiempo de vida. En ese instante, un brote de rencor me invadió. El pasado, de dolor y de resentimiento, se agolparon en mi mente. Mi corazón se llenó de sed de venganza, nublando la luz de la fe que me había guiado hasta entonces. Comenzó el servicio. Muchas personas llenaban la Iglesia, anhelando una palabra de aliento y de esperanza. Todos unidos cantábamos alabanzas; la adoración era palpable y la predicación fluía con poder. Al llegar el momento de la oración final, la voz del Señor resonó en mi corazón, y me dijo con severidad, con una fuerza inaudita:

"—¿No has perdonado?, ¡Tienes que perdonar!".

En ese instante, la manifestación de Dios se hizo palpable en el lugar. Lo sentí cara a cara, como si me mirara a los ojos y me exigiera un cambio radical en mi actitud. Siendo ministro del Señor, mi corazón debía reflejar su amor y misericordia. Sin embargo, el rencor que albergaba en mi interior era una mancha que debía ser borrada...

Al llegar a casa, me sentí enojado y con deseos de venganza hacia la matriarca de la familia, ya que recordaba claramente todas las cosas que ella me había hecho. Al conocer la palabra del Señor, sabía que, si ella no tenía a Cristo en su corazón, lo que le esperaba en la otra vida no era nada bueno. Pensaba:

"—Al fin va a pagar por todo el daño causado". Dije con osadía:

"—Gloria a Dios, que bien, que bueno, se lo merece". Me encerré en mi cuarto para orar. Con el paso del tiempo, nuevamente la voz del Señor resonó en mí de forma más fuerte:

"—¡No has perdonado, Tienes que perdonar!".

Mi respuesta fue inmediata:

—¿Y por qué yo?

La voz del Señor replicó con claridad:

"—¡Y porque no tú!"

Al día siguiente, me esperaba un retiro de pastores, ocasión en la cual yo fungiría como predicador invitado y compartiría el mensaje que Dios había sembrado en mi corazón, una semilla que había germinado después de semanas de preparación y oración. Que contradictorio para mí que el mensaje recibido era con referente a perdonar.

Capítulo 15: Revelación

El retiro se llevó a cabo en las montañas, un escenario majestuoso que parecía diseñado específicamente para acercar nuestras almas al cielo. Esa misma noche, al terminar el servicio, emprendí camino hacia las montañas, donde se llevaría a cabo el retiro espiritual. Al llegar, ya estaban algunos ministros presentes, mientras otros seguían llegando. En cuanto bajé del vehículo, sentí una corriente eléctrica recorrer mi cuerpo, una combinación de emoción, expectativa y reverencia ante lo que Dios podría estar preparando para nosotros durante esos días. Observé a mi alrededor y noté cómo cada uno de aquellos hombres, dedicados servidores de Dios, portaban consigo no solo maletas, sino también corazones llenos de esperanza, dispuestos a recibir lo que el Señor tenía reservado para esa noche.

Fue entonces cuando la expectación comenzó a embargarme. Me invadió un temor y nerviosismo reverente ante la responsabilidad de hablar ante tantos siervos de Dios. El pastor anfitrión abrió el servicio con una oración. Sus palabras, pronunciadas con una cadencia pausada pero ferviente, se extendieron por el recinto como una brisa celestial. Invocó la presencia del Señor para santificar el lugar y que Él guiara el retiro bajo su bendición, exhortándonos a abrir nuestros corazones como puertas desvencijadas que anhelan ser reparadas por manos expertas. Su voz, cargada de unción, resonaba en cada rincón, y así despejar cualquier sombra que pudiera entorpecer nuestra conexión con lo eterno.

No tardaron en llegar los cantos de adoración, que emergieron como un manantial imparable, inundando el espacio con melodías que parecían tejidas con hilos de luz. La atmósfera se transformó de inmediato: una pesada presencia, casi tangible, comenzó a envolvernos. Era como si el Eterno mismo hubiera descendido para habitar entre nosotros, impregnando cada respiración, cada latido, con una solemnidad que no dejaba lugar para la indiferencia. Los cánticos, entonados con devoción, eran más que simples alabanzas; eran un clamor colectivo que traspasaba el velo entre lo terrenal y lo celestial.

Posteriormente, llegó el momento culminante: el mensaje de la noche. El tema que el Señor me había dado giraba en torno al perdón, lo cual resonaba profundamente en mi espíritu. Aquel momento se tornaba sumamente controversial para mí; sentía cómo mi mente era invadida por recuerdos y pensamientos que parecían disputarse mi atención. La figura de mi abuela emergía como un espectro imborrable. Y allí estaba yo, enfrentando el gran compromiso de predicar a líderes espirituales, hombres cuyas vidas estaban dedicadas al servicio divino. No eran meros oyentes: eran guardianes de la fe, faros que iluminan a otros con su ejemplo. ¿Cómo podía yo, con mis dudas y temores, ofrecerles algo que ellos probablemente ya sabían? ¿Qué podía decirles que no hubieran escuchado antes, quizá de labios más sabios y experimentados que los míos?

Mientras estas ideas bullían en mi mente, sentí cómo el aire comenzaba a espesarse a mi alrededor. Era como si una presión invisible me empujara hacia un callejón sin salida. Mis pensamientos se entrelazaban en un laberinto de contradicciones: gratitud por haber sido llamado, pero también miedo al fracaso; admiración por aquellos líderes, pero también una sensación de insuficiencia que amenazaba con paralizarme. Sabía que no era casualidad: Dios tenía un propósito específico para cada palabra que pronunciaría.

Subí a la tarima y me paré frente a la congregación, sintiendo el peso de la responsabilidad, pero también la unción que me sostenía. Con voz firme pero temblorosa por la emoción, comencé a hablar:

—Hermanos, pastores, siervos del Señor —dije con convicción—, el perdón no es solo un acto: es una decisión profunda que libera tanto al que recibe el perdón como al que lo otorga. Es un camino que nos lleva de la oscuridad a la luz, de la esclavitud a la libertad, y de la muerte a la vida.

Mis palabras fluían con una claridad que solo podía provenir de lo alto. Hablé sobre cómo el resentimiento y la amargura son cadenas que nos atan, y nos impiden avanzar en la vida que Dios tiene preparada para nosotros. Les recordé que perdonar no significa justificar lo ocurrido, sino dejar el juicio en las manos de Dios, quien es el único capaz de hacer justicia de manera perfecta. Como pastores, sabemos que el perdón es un pilar fundamental de nuestra fe. Sin embargo, también reconocemos lo difícil que resulta perdonar a quienes nos han herido profundamente.

Mientras hablaba, noté que algunos de los ministros parecían absortos, como si estuvieran enfrentando algo dentro de sus corazones. Fue entonces cuando las palabras del Señor resonaron en mi mente: "¿No has perdonado? ¡Tienes que perdonar!". Estas palabras me atravesaron como una flecha, llegando a lo más profundo de mi ser. Sentí que el Espíritu Santo se movía en el lugar, tocando corazones y preparándonos para un momento de quebrantamiento y sanidad.

Con voz firme pero llena de compasión, declaré:

—Hoy, Dios nos está llamando a perdonar. No importa cuán profunda sea la herida o cuán grande la traición. Él quiere liberarnos de la carga que hemos estado arrastrando durante años. Reconozcamos que el perdón no es una opción, sino una obligación. Esta decisión nos permite despojarnos de las cadenas del pasado y caminar hacia un futuro lleno de esperanza y restauración.

En ese instante, recordé a mi abuela, a quien aún no había perdonado, y cuyo delicado estado de salud pesaba sobre mí como una carga invisible. También evocaron viejas heridas, rencores que aún anidaban en lo más profundo de mi ser. Sentí un nudo en la garganta mientras decía:

"Y yo soy el primero quien Dios está llamando a perdonar".

El silencio que siguió fue palpable. Era como si el tiempo se hubiera detenido, y cada persona en ese lugar estuviera enfrentándose a sus propios temores internos. Por otra parte, quise dejar atrás el resentimiento que aún residía en mi corazón, pero en mi interior se libraba una batalla feroz entre el rencor que me ataba y la Gracia, que me llamaba a dejar ir.

Continué hablando, esta vez con una vulnerabilidad que nunca antes había mostrado públicamente. Compartí cómo, a veces, parece que el rencor y la amargura se han arraigado tan profundamente en nuestro corazón que no sabemos cómo soltarlos. Hice una pausa, buscando las palabras adecuadas:

"Pero es precisamente en esos momentos cuando debemos recordar que el perdón no es un sentimiento, sino una determinación. Es una decisión consciente de abandonar el peso que nos oprime y confiar plenamente en Dios".

Mientras compartía, sentí que Dios estaba obrando no solo en los corazones de los presentes, sino también en el mío. Me di cuenta de que el perdón no es solo para el ofendido, sino también para el ofensor. Cuando perdonamos, liberamos tanto a la otra persona como a nosotros mismos. Es una puerta que se abre hacia la libertad, hacia una vida nueva y renovada.

Al finalizar, el silencio en el auditorio era absoluto, como si el Espíritu Santo hubiera tocado cada vida de manera profunda. Bajé del púlpito con los ojos llorosos, consciente de que aquel mensaje había sido tanto para mí como para los demás. Sabía que algo había cambiado en mí. Ya no era el mismo hombre que había subido al púlpito unas horas antes. Empezaba a experimentar una transformación profunda, una liberación que provenía directamente del trono de Dios.

Concluimos esa noche cantando y alabando a Dios juntos, unánimes, hasta que cada uno regresó a su habitación para descansar y prepararse para el día siguiente. Sin embargo, en el silencio de mi cuarto, busqué un momento de soledad y reflexión.

El peso de las palabras que había compartido aún resonaba en mi mente. Inmediatamente me postré en adoración, abrumado por la magnitud de las palabras que el Señor me había dirigido. Mi corazón, antes cargado de dudas y resentimientos, ahora se inclinaba en humilde gratitud.

De repente, una presencia indescriptible llenó la habitación. No era algo visible, pero la sentía con una claridad abrumadora. El aire se volvió denso, cargado de una paz que trascendía todo entendimiento. Entonces, nuevamente, escuché una voz suave en mi corazón, tan íntima como el susurro del viento:

"El perdón no es tan solo una decisión: es un proceso, al igual que amar es una decisión".

Las palabras me atravesaron como un cuchillo, y llegaron a lo más profundo de mi ser. Sentí que Dios estaba hablando directamente, confrontando mis dudas y mi resistencia. Con voz temblorosa, le respondí:

"Pero… ¿por qué yo, Señor? ¿Por qué lo permitiste?".

La respuesta no se hizo esperar. La misma voz, dulce pero firme, me habló de nuevo:

"¿Y por qué no tú?".

En ese momento, una claridad divina inundó mi mente. Escuché con nitidez la palabra: "*Shalach*", seguida de una referencia bíblica: Isaías 45:7. Casi de inmediato, otro pasaje vino a mi memoria:

"Las cosas secretas pertenecen a Jehová nuestro Dios" (Deuteronomio 29:29).

Era como si el Señor estuviera tejiendo un mensaje personal, utilizando su Palabra para hablarme en medio de mi confusión.

Me levanté, con el corazón palpitante y con las manos temblorosas. Abrí mi Biblia nuevamente, buscando los pasajes que habían resonado en mi espíritu. Al leer Isaías 45:7, las palabras parecían saltar de la página:

"Yo formo la luz y creo las tinieblas; hago la paz y creo la adversidad. Yo, Jehová, soy el que hace todo esto".

Este versículo fue un recordatorio poderoso de que, incluso en medio del dolor y de la lucha, Dios tiene el control de todas las cosas. Y, al leer Deuteronomio 29:29, entendí que no todo está destinado a ser comprendido por nosotros. Algunas cosas permanecen ocultas en la sabiduría divina, y mi papel no era cuestionar, sino confiar.

Aquella noche, en la quietud de mi habitación, sentí que una carga pesada comenzaba a desprenderse de mis hombros. El perdón, como me había dicho el Señor, no era un acto instantáneo, sino un camino que requería tiempo, entrega y, sobre todo, fe. Quería comprender no solo el contexto histórico y lingüístico, sino también la esencia espiritual detrás de aquel mensaje. En la intimidad de mi dormitorio, el Espíritu Santo se convirtió en mi maestro. Con paciencia y claridad, comenzó a mostrarme las capas más profundas del perdón. Me enseñó que perdonar no es, simplemente, un acto de voluntad, sino un proceso que requiere despojarse de la ira y amargura que, como veneno, corroen el alma. Me reveló que, tras la falta de perdón, se esconden sentimientos de ira, venganza y un deseo oculto de justicia propia.

Dediqué un capítulo completo al estudio que hice aquella madrugada, donde Dios me enseñó y me reveló el significado de lo que Él quería mostrarme. Podrás encontrar todo esto detallado en el capítulo 19:

"La llave del perdón".

Capítulo 16: Conferencia

Al día siguiente, durante el servicio matutino, mientras me encaminaba a la tarima para predicar, sentí cómo el Espíritu Santo me guiaba a abordar la continuación del tema que tocaría cada corazón presente: "La liberación por falta de perdón":

—Hermanos, pastores, ministros y líderes espirituales, quiero comenzar esta mañana siendo completamente transparente con ustedes. Lo que voy a compartir no es fácil, pero sé que Dios me ha traído aquí hoy no solo para predicar, sino también para recordarme a mí mismo lo que Él ha hecho en mi vida.

Reconozco que hubo un tiempo en el que creí que todo en mi vida estaba en orden: después de haber encontrado a Cristo, Él me dio una familia que me apoya, un ministerio que me llena de propósito y una sensación de paz de la que pensé era indestructible. Sin embargo, hasta hace tres días, algo cambió radicalmente. El Señor mismo me habló de manera audible, con una claridad que resonó en lo más profundo de mi ser:

— "No has perdonado; tienes que perdonar".

Estas palabras impactaron como un golpe certero, desafiando mi falsa seguridad y revelando una herida que, aunque oculta, seguía latente. En ese momento, entendí que el perdón no era solo un acto de generosidad para con otros, sino una liberación para mí mismo, un paso necesario para seguir avanzando en la plenitud que Dios nos tiene preparada.

Ahora, enfrento ese desafío con humildad, sabiendo que el verdadero crecimiento espiritual comienza cuando reconocemos nuestras áreas más profundas y permitimos que la luz de Cristo las transforme. Por fuera, parecía fuerte, dedicado y comprometido con el llamado que Dios había puesto sobre mi vida. Pero, por dentro, había heridas profundas que nunca había confrontado. Heridas que provenían de palabras hirientes, promesas rotas, abusos y maltrato que había escondido en lo más íntimo de mi corazón. Durante años, permití que el resentimiento creciera como una raíz amarga que entorpecía mi relación con Dios, con mi familia, con los demás y, sobre todo, conmigo mismo.

Ayer noche, Dios mismo me contestó, ya que varias veces gritaba al cielo: "¡¿Por qué yo?!". Mientras oraba en la madrugada desesperadamente buscando respuestas, escuché claramente Su voz:

— "¿Por qué me preguntas por qué? Yo formo la luz y creo las tinieblas, hago la paz y creo la adversidad. Yo soy Jehová, el que hace todo esto".

Esas palabras, tomadas de Isaías 45:7, me impactaron de tal manera que sacudieron mi entendimiento. Al principio, luché contra estas. ¿Cómo podía Dios permitir tanto dolor en mi vida? ¿Por qué no intervenía antes? Pero, entonces, entendí algo poderoso: Dios no causa dolor por crueldad, sino para cumplir un propósito mayor. Aunque nuestra mente humana es limitada y no siempre podemos entender Sus caminos, Él siempre actúa con amor y sabiduría infinitos.

En ese momento, Dios me mostró que el perdón no es, simplemente, un acto humano: es una obra divina que requiere Su fuerza y Su gracia. Sin Él, nuestras mejores intenciones pueden quedar incompletas. Pero con Él, y en Él, no hay cadena que no pueda romperse ni herida que no pueda sanarse.

Dios también me mostró algo aún más revelador: muchas veces guardamos secretos en nuestro corazón, pensando que nadie más los conoce, y que la vida continúa de forma natural como si nunca hubiera pasado nada. Pero… Él ve, y sabe todo. Y, aunque esos secretos nos oprimen y cargamos grilletes cuyas cadenas nos detienen en el camino hacia Su propósito, Él no nos confronta para juzgarnos, sino para sanarnos. Hoy quiero invitarlos a abrir sus corazones y permitir que Dios haga lo que solo Él puede hacer: liberarnos.

En ese justo momento, el grupo de alabanza subió al entarimado para entonar música de fondo. Luego continué con el mensaje:

—La verdadera libertad solo llega cuando verdaderamente nos rendimos ante Dios, reconocemos nuestras debilidades y permitimos que Su gracia nos transforme. Sabemos que el perdón no es fácil, pero es posible. Y, cuando lo experimentamos en toda su profundidad, nos transforma de maneras que nunca podríamos haber imaginado. Es un acto de fe, una confianza en la soberanía de Dios y una rendición de nuestro orgullo y de nuestra justicia propia. Es un proceso que nos lleva de la oscuridad a la luz, de la esclavitud a la libertad y de la muerte a la vida.

Sin embargo, este proceso no puede llevarse a cabo únicamente con nuestras fuerzas humanas. Solo en la fuerza de Dios encontraremos la capacidad para perdonar plenamente. Como dice Filipenses 4:13:

"Todo lo puedo en Cristo que me fortalece". Sin Su poder, nuestras intenciones más sinceras pueden quedar incompletas.

Pero, con Él, no hay cadena que no pueda romperse, ni herida que no pueda sanarse.

Al instante, cité todo lo que el Señor me había dado, pues lo tenía escrito en mis notas:

"¿Por qué yo? Y Dios responde: ¿Por qué no tú?".

Esta es una pregunta que muchos nos formulamos al enfrentar pruebas o heridas profundas: "¿Por qué yo, Señor?".

Miré a esos hombres de Dios frente a mí, líderes dedicados al servicio espiritual, pero también seres humanos como yo, cargando cicatrices invisibles y ataduras ocultas.

—Estimados siervos del Señor —dije con firmeza en mi voz—, cuando nos vemos envueltos en circunstancias difíciles, es natural cuestionarnos por qué hemos sido escogidos para soportar ciertas cargas. Pero hoy quiero revelarles algo poderoso: si Dios ha permitido que estas pruebas crucen sus caminos, es porque confía plenamente en su capacidad para superarlas y transformarse a través de estas.

Hice una pausa deliberada, permitiendo que mis palabras calaran en lo más profundo de sus corazones.

—Dios no selecciona a quienes ya están capacitados; Él capacita a aquellos a quienes escoge. Si Él ha colocado esta carga sobre tus hombros, es porque sabe que tienes la fortaleza interior para llevarla. Deja de preguntarte: "¿Por qué yo?", y pregúntate mejor: "¿Qué propósito tiene esto en mi vida?". Tu historia puede convertirse en un testimonio de esperanza que ilumine el camino de otros.

Vi cómo algunos cerraban los ojos, sumergiéndose en una meditación profunda, pues el Espíritu Santo estaba tocando en cada corazón presente...

De esa misma manera, sé que Dios está tocando tu corazón. No te resistas, pues Él quiere operar en ti...

Luego, cité este versículo, consciente de que era crucial para entender el designio divino en medio del dolor.

"Yo formo la luz y creo las tinieblas, hago la paz y creo la adversidad. Yo, Jehová, soy el que hago todo esto"
(Isaías 45:7).

—Este pasaje nos recuerda que Dios ostenta autoridad absoluta sobre todas las cosas, tanto las favorables como las desafiantes. A veces, las dificultades que enfrentamos no son castigos, sino herramientas en las manos de un Padre amoroso, que desea moldearnos y prepararnos para algo extraordinario.

Mi voz resonó con convicción mientras proseguía:

—No siempre alcanzaremos a comprender los propósitos

divinos, pero debes confiar plenamente en Su carácter. Dios no genera aflicción por crueldad, sino para cumplir un plan perfecto. En medio de la oscuridad, Él sigue siendo la luz que guía tus pasos. Confía en que Él tiene un propósito, incluso cuando no logres verlo claramente...

"Las cosas secretas pertenecen a Jehová nuestro Dios" (Deuteronomio 29:29).

Enseguida, abordé un tema que sabía necesitaba ser confrontado: "los secretos enterrados".

—Existen heridas, resentimientos y verdades ocultas que guardamos celosamente en lo más recóndito de nuestra alma. Podríamos pensar que nadie más las conoce, pero Dios lo ve todo. Sin embargo, Él no nos enfrenta para juzgarnos, sino para sanarnos. Permite que estas palabras penetren en tu corazón: hoy es el día de traer esos secretos a la superficie. Mantenerlos sepultados solo perpetúa el sufrimiento. Al entregarlos a Dios, Él los transformará en oportunidades de gracia y restauración. No temas abrirte ante Él, pues Su misericordia es inmensurable.

Al pronunciar estas últimas frases, noté cómo varios comenzaron a inclinar sus cabezas, en actitud de oración silenciosa. Sabía que el Espíritu Santo estaba obrando de manera poderosa.

"¿No has perdonado? ¡Tienes que perdonar!".

Entonces, elevé mi tono con urgencia, consciente de que este llamado era claro e ineludible.

—El perdón no es opcional para aquellos que han recibido el perdón de Cristo. Si nosotros hemos sido beneficiados por Su Gracia, debemos extender ese mismo don a otros. La falta de perdón no solo deteriora nuestra relación con Dios, sino que nos ata emocional y espiritualmente.

Observé a los presentes con seriedad mientras continuaba:

—Hoy, hermanos, no podemos seguir cargando el peso del rencor. Es momento de declarar con valentía: "**Te perdono**". No importa cuánto tiempo hayan evitado enfrentar esa herida; el poder de Dios puede sanarla por completo. Es hora de liberar aquello que nos impide avanzar hacia la plenitud que Él tiene reservada para nosotros.

> "El perdón no es tan solo una decisión, es un proceso;
> al igual que amar es una decisión".

Avancé en mi mensaje con estas reflexiones, sabiendo que tocarían fibras sensibles en los pastores, ministros y líderes reunidos allí, cuyas vidas estaban dedicadas a guiar a otros hacia la Verdad. También ellos necesitaban escuchar esta verdad aplicada a sus propias realidades.

—Hermanos —dije, mirándolos directamente a los ojos—,

muchas veces creemos que perdonar equivale simplemente a tomar una decisión y dejar atrás el dolor. Pero el perdón es mucho más que eso. Es un viaje, un proceso que demanda tiempo, entrega y, sobre todo, la Gracia de Dios. Al igual que amar no es un acto puntual, sino una elección constante, perdonar exige que abramos nuestro corazón repetidamente, incluso cuando nuestras emociones nos insten a resistir.

Noté cómo algunos asentían conmovidos, mientras otros desviaban la mirada, como si mis palabras hubieran desnudado heridas que intentaban mantener ocultas. Sabía que muchos llevaban rencores arraigados que nunca habían enfrentado plenamente. Por eso continué:

No podemos pretender sanar sin transitar por este sendero. Dios no te pide perfección instantánea, sino que demos pasos firmes hacia Él. Hoy te invito a dar ese primer paso. Decide perdonar, aunque el dolor persista. Permite que Dios sane cada rincón de tu corazón mientras avanzas en este camino hacia la libertad completa.

"La llave del perdón "*shalach*": Dejar ir para ser libres".

Finalicé mi discurso con una reflexión sobre el significado de la palabra hebrea "*shalach*":

—En hebreo, "*shalach*" significa "**dejar ir**" todo aquello que causa dolor y nos impide vivir plenamente libres. Esta es la auténtica llave del perdón. No se trata únicamente de olvidar el pasado, sino de liberar a quienes nos han lastimado, permitiendo que Dios sane nuestras propias heridas.

Mi voz se llenó de determinación mientras concluía:

—Deja ir el rencor. Suelta el dolor. Permite que Dios los llene con Su paz y Su amor. Solo entonces podrás experimentar la libertad total que Él anhela concederte…

"¡A Él sea la gloria por los siglos de los siglos! Amén".

Capítulo 17: Liberación

En ese instante, la presencia de Dios se manifestó de manera tangible. El grupo de alabanza comenzó a entonar la canción "Cuán Grande es Él". Las voces resonaron como un clamor unánime, llenando el auditorio con una adoración sincera y profunda. Cada palabra parecía flotar en el aire, llevando consigo el peso de nuestras cargas y el anhelo de nuestras almas. En ese momento, todo lo demás pareció detenerse; solo quedaba Su amor y Su misericordia envolviéndonos.

Uno de los pastores mayores, cuya figura siempre había sido imponente pero distante, se levantó lentamente de su asiento. Con pasos firmes, avanzó hacia el frente, portando consigo una carga visible de años de resentimiento acumulado. Se arrodilló frente al altar, y con voz entrecortada clamó:

— "¡Dios mío, perdóname por no haber perdonado! He permitido que el rencor me consumiera, que mis heridas se convirtieran en cadenas que me han alejado de Ti. Hoy Te pido que me liberes, que me enseñes a perdonar como Tú me has perdonado".

Su testimonio fue como un catalizador. Uno tras otro, pastores, líderes y creyentes comenzaron a acercarse al altar, buscando la misma liberación. La atmósfera se tornó intensa, llena de expectativa y reverencia.

En ese preciso instante, algo extraordinario ocurrió. Sentí una corriente eléctrica recorrer mi cuerpo, tan intensa que me impulsó hacia atrás, cayendo sobre los asientos de la parte delantera. No estaba solo; muchos a mi alrededor experimentaban lo mismo. Algunos lloraban desconsoladamente, otros gritaban con desesperación:

— "¡Perdóname, oh, Dios! ¡Perdónanos!".

Era como si una descarga divina nos atravesara, liberando años de dolor, ira y frustración acumulados. En medio de aquel quebrantamiento, mi voz se alzó con fuerza, clamando a Dios:

— "¿Por qué yo, Señor? ¿Por qué lo permitiste?... Era solo un niño... ¿Por qué? Dime por qué, por qué".

La respuesta llegó clara, firme y llena de autoridad. Uno de los miembros del grupo se levantó y, con una voz que resonaba en todas las paredes del lugar, dijo:

— "Así te dice El Señor: 'Yo actúo según Mi voluntad en el ejército del cielo y entre los habitantes de la tierra, y no hay quién detenga Mi mano ni quién me diga qué hacer".

En ese momento, todo cobró sentido. Comprendí por qué Dios me había dado aquellos versículos de Isaías y ahora menciono este (Daniel 4:35). Este pasaje nos recuerda que Dios actúa conforme a Su voluntad, tanto en los cielos como en la Tierra, sin que nadie pueda cuestionar o detener Sus designios. Su poder y su autoridad son infinitos, mientras que nuestra comprensión humana es limitada, como un grano de arena frente al vasto océano de Su sabiduría. Sin embargo, en medio de nuestra fragilidad, encontramos consuelo en Su amor eterno y misericordia prolongada (Jeremías 31:3). Este amor inmenso nos invita a confiar en Su voluntad, incluso cuando nuestras dudas y preguntas nos embargan.

No podía contenerme. Las lágrimas fluían sin cesar, al igual que las de quienes me rodeaban. Con voz temblorosa, declaré:

—Es el momento, hermanos. Repitan conmigo esta oración al Señor:

— "Hoy reconozco que, con mis propias fuerzas, no soy capaz de perdonar, pero en Tus fuerzas, lo soy. ¡Sí, lo soy!, ¡Lo soy!".

En ese instante, la sensación de descargas eléctricas que recorría mi cuerpo se transformó en un fuego intenso que purificaba cada rincón de mi ser. Era el Espíritu Santo quemando las ataduras que nos habían esclavizado durante tanto tiempo. Con voz firme, me dirigí a la congregación:

Así que, hermanos, dejemos que el Todopoderoso limpie las heridas.

—Dios me dice que te diga:

"Soy yo quien limpia tus heridas, quien quita tus pecados tan lejos como el oriente del occidente".

En ese mismo instante, inspirado por el Espíritu Santo dije:

Repitan conmigo:

— "Hoy, en las fuerzas del Señor, no en las mías. —Hoy te dejo ir de mi corazón; libero todo resentimiento y amargura que me ha atado durante tanto tiempo. Te perdono y me libero de toda cadena de falta de perdón, de toda la carga que me ha atormentado".

Repetí con determinación:

—Te dejo ir de mi vida. ¡Sal fuera, en el nombre de Jesús! ¡Sal fuera de mi corazón, mente, cuerpo, alma y espíritu!.

Invité a todos a mencionar uno por uno los nombres de quienes les habían causado daño, tanto físico como emocional. Con cada nombre pronunciado, sellábamos la liberación con estas palabras:

— "Te perdono, te libero y te dejo ir en el nombre de Jesús. Amén".

Alrededor de mí, muchos lloraban, adoraban a Dios y cantaban con todo su corazón: "Cuán Grande es Él". El poder de Dios se manifestó de manera palpable en aquel lugar. El ambiente se impregnó de una presencia divina tan intensa que se sentía como una atmósfera densa de gloria. Varios ministros, que habían llevado pesadas cargas durante años, comenzaron a ser liberados de las ataduras que los habían esclavizado.

Un pastor en particular llamó mi atención. Este hombre, de rostro cansado y con ojos llenos de dolor, llegó al frente con pasos titubeantes. Mientras los demás intercedían por él, comenzó a vomitar sangre. Era evidente que no se trataba de una enfermedad física, sino de ataduras ancestrales relacionadas con la falta de perdón. La sangre que expulsaba simboliza generaciones de rencor, odio y dolores transmitidos de padres a hijos, una maldición familiar. En ese momento, el poder de Dios obró sobrenaturalmente. El pastor, entre lágrimas y gemidos, clamó por perdón y por liberación. Las cadenas que lo habían atado durante décadas se rompieron, y una expresión de alivio y paz inundó su rostro.

El auditorio permaneció en silencio, no por falta de palabras, sino por el asombro reverente ante lo que Dios estaba operando. Poderosamente, Él no solo nos liberaba de nuestras propias heridas, sino también de aquellas que habíamos heredado. Su misericordia alcanzaba incluso las heridas más profundas y oscuras, sanándolas y restaurándolas por completo.

Transcurrido un tiempo, cuyo lapso exacto no puedo determinar, el Espíritu Santo nos guio a dar un paso más. Inspirado por Dios, tomé el micrófono y dije:

—Hermanos, Dios me dice que es necesario sellar en el mundo físico lo que hemos declarado en el mundo espiritual para alcanzar una libertad completa de la falta de perdón. Como Moisés quemó el pecado del pueblo (Deuteronomio 9:21), de la misma manera debemos quemar el pecado de la falta de perdón en nuestras vidas.

Ahora, juntos, tomen un papel y una pluma, y escriban con sinceridad todas las heridas del pasado que nos han llevado a esta falta de perdón. Describan con detalle cada experiencia, cada persona por su nombre, incluyendo cómo nos hicieron sentir y cómo han afectado nuestras vidas hasta el presente.

En cuanto a mí, en medio del fervor espiritual que envolvía aquel momento, me vi frente a una tarea que parecía inmensa: perdonar a todos aquellos que habían dejado huellas profundas en mi alma. Mi lista era extensa, como si cada página de mi vida estuviera llena de nombres, acciones y heridas que necesitaban ser sanadas. Sin embargo, sabía que este era el camino hacia la verdadera libertad. Con lápiz en mano, comencé a escribir, deteniéndome a menudo para reflexionar sobre cada nombre, cada recuerdo doloroso que resurgía en mi mente.

Las primeras palabras que anoté fueron como cuchillos que cortaban viejas cicatrices. Había nombres que evocaban traiciones, promesas rotas, abusos silenciados y actos de violencia que nunca pensé poder superar. Mientras escribía, las lágrimas comenzaron a brotar sin control, cayendo sobre el papel y mezclándose con mis propias palabras. Con cada nombre pronunciado, sentí cómo el peso de mi pasado se aligeraba poco a poco. Comencé a declarar en voz alta, como si cada palabra pudiera romper una cadena invisible:

—Te perdono, te libero y te dejo ir en el nombre de Jesús. Amén.

La repetición de estas frases no solo era un acto verbal; era un compromiso profundo conmigo mismo, con Dios y con mi futuro. A medida que avanzaba por la lista, mi corazón se llenaba de dolor y esperanza.

No fue fácil. Algunos nombres me hicieron vacilar, otros provocaron gritos desgarradores desde lo más profundo de mi ser. Pero, en cada paso, sentía la presencia de Dios sosteniéndome, guiándome hacia la sanación completa. Las lágrimas fluían sin cesar, lavando heridas antiguas y limpiando mi alma para recibir Su amor pleno. En ese lugar, donde antes había resentimiento y amargura, ahora florecía una sensación de paz renovada.

Vi cómo otros también completaban sus listas; noté que muchos compartían su testimonio. Un hombre mayor, con lágrimas en los ojos, confesó que había llevado décadas guardando rencor contra su propio hijo. Otro líder, apenas adolescente, reveló que perdonar a su padre por abandonarlo había sido el primer paso hacia su propia sanidad emocional. Estas historias se entrelazaban con la mía, creando un tapiz de redención y restauración que envolvía a todos. La atmósfera estaba cargada de unción, de gloria y de victoria. Podía sentir cómo cada palabra pronunciada transformaba corazones, no solo el mío, sino también los de aquellos que me rodeaban.

Una vez terminado todo, salimos al exterior para prender una fogata. Cada uno sostenía en sus manos las hojas donde habían plasmado sus dolores más profundos. Uno a uno, echamos los papeles al fuego, mientras repetíamos en voz alta:

— "Quiero dejar ir el pasado y avanzar hacia un futuro de esperanza y libertad en el nombre de Jesús. Amén".

A medida que las llamas consumían nuestros escritos, comenzamos a sentir un calor intenso en nuestros cuerpos, acompañado de descargas eléctricas que recordaban la presencia poderosa del Espíritu Santo. Nos tomamos de las manos y dimos gracias al Señor por Su amor y por Su misericordia. Continuamos adorándolo y glorificándolo, conscientes de que nos había liberado completamente de esas cadenas de falta de perdón.

Era un nuevo capítulo, un nuevo comienzo, lleno de esperanza, sanidad y propósito. Perdimos la noción del tiempo; tan inmersos estábamos en la presencia divina que parecía haberse detenido el reloj. Cuando finalmente nos dimos cuenta, la noche se había profundizado, y la luna brillaba con majestuoso esplendor, uniéndose a nuestra celebración por la victoria.

Juntos oramos una última vez, agradeciendo al Señor por Su poder transformador. Luego nos retiramos a nuestros dormitorios, pero estoy seguro de que nadie pudo conciliar el sueño fácilmente después de aquella tremenda visita del Señor. Nuestros corazones aún latían con la intensidad de lo vivido, y nuestras mentes repasaban cada detalle de la liberación y sanidad que habíamos experimentado.

Ese día, en el retiro, no solo compartimos palabras, sino que experimentamos un encuentro transformador con el poder sanador de Dios. Fue un recordatorio de que, sin importar cuán profundas sean nuestras heridas o cuán pesadas sean nuestras cargas, Él está listo para liberarnos y sanarnos. Su amor es más fuerte que cualquier cadena, y Su Gracia es suficiente para restaurar incluso lo que parece irreparable.

"Al Rey sea la gloria, por los siglos de los siglos. Amén".

Capítulo 18: Dios tiene el control

Al llegar a casa, lo primero que hice fue abrazar con fuerza a mi esposa, ansioso por compartir con ella todo cuanto había vivido. Con entusiasmo le conté cómo el Todopoderoso nos había tocado profundamente, liberándonos de cargas que llevábamos años arrastrando y llenándonos de una paz indescriptible. Mi esposa me escuchó con atención, pero noté en sus ojos un tono de preocupación, como si algo la inquietara profundamente.

Con suavidad, le pregunté:

—Parece que hay algo que deseas decirme. ¿Qué sucede?, ¿pasa algo?, ¿todo bien? Dime, por favor.

Ella dudó por un momento, luchando visiblemente contra el temor de arruinar el momento, pero finalmente respiró hondo y con voz quebrada comenzó a hablar:

—Me da pena contarte esto, especialmente después de tu gran experiencia, pero necesitas saberlo —respondió, bajando la vista por un instante antes de continuar.

Levanté una mano para tranquilizarla y le dije con cariño:

—Tranquila, cariño. Estoy aquí para escucharte. Dime qué pasó.

—El viernes, cuando salí de la iglesia, poco después de que te fuiste al retiro, pasó algo que todavía no puedo creer del todo —comenzó a relatar ella, mientras notaba que estaba un tanto nerviosa—.Tomé la camioneta para regresar a casa. Puse a la niña en el asiento trasero, como siempre lo hago, asegurándome de que estuviera bien abrochada. Luego encendí el motor y comencé a conducir. Sin imaginar lo que estaba a punto de suceder, tomé la autopista, circulando a una velocidad aproximada de ciento veinte kilómetros por hora. Iba concentrada en el tráfico, atenta a las señales y a los otros conductores, cuando de repente noté algo extraño. Me percaté de que los frenos no funcionaban; cada vez que presionaba el pedal, este se hundía hasta el fondo y no respondía—. Mi corazón dio un vuelco mientras escuchaba su relato. Sentí un escalofrío recorrer mi espalda. Ella, llorando, continuó—: Me asusté mucho, porque llevaba a la niña conmigo. En medio del pánico, grité:

"¡La sangre de Cristo tiene poder!". También declaré: "Soy hija de Dios". Y añadí: "Pues a tus ángeles mandarás para que nuestro pie no tropiece en piedra. Amén".

—Fue entonces cuando sentí una presencia invisible guiando el volante. La camioneta redujo gradualmente la velocidad, como si alguien la controlara desde adentro. En el momento preciso, frenó sola para evitar cualquier accidente. Así llegué a casa y logré estacionar correctamente. Pero, gracias a Dios, estamos bien y seguros. Fue un milagro, Alex. Solo pudo ser Su intervención, porque la camioneta parecía moverse sola, guiada por alguien que yo no podía ver. Estamos bajo Su protección.

—¿Pero están bien? ¿Por qué no me avisaste? —repliqué con preocupación.

—Amén, amén, estamos bien —respondió ella con una sonrisa de alivio—. No te avisé porque Dios me dijo que no te lo mencionara, que Él iba a obrar en tu corazón y que necesitabas estar a solas con Él —explicó con tranquilidad.

En ese momento, supe que al enemigo no le agradaba lo que Dios había hecho en ese retiro. Además, esto demuestra que el enemigo, después de cada victoria, no se queda con los brazos cruzados, sino que busca formas de atacarnos y de desanimarnos para tratar de desviarnos del propósito de Dios. Pero siempre el Señor nos cubre con Sus alas, como la gallina cubre a sus polluelos, protegiéndonos de todo mal y fortaleciendo nuestra fe.

Mientras reflexionábamos sobre lo sucedido, mi esposa añadió con emoción—:

—Su presencia divina nos envolvió en ese instante crítico, a la niña y a mí. ¡Gloria a Dios! Él es bueno y para siempre su misericordia. Y ahora sé que nada, ni nadie, puede separarnos de Su amor, ni siquiera las pruebas más difíciles y complicadas.

Nos miramos en silencio, conscientes de que aquella experiencia no solo las había salvado físicamente, sino que también fortaleció nuestra fe y confianza en Dios. Era evidente que Su mano estaba trabajando detrás de cada detalle, incluso en los momentos más oscuros.

Ese mismo día, llamé por teléfono para saber cómo estaba la salud de mi abuela. Me informaron que se encontraba en estado de coma y que estaban esperando que su corazón dejara de latir, ya que no había más que hacer. Instantáneamente, mis primeros pensamientos fueron: "Padre mío, no te la lleves sin darle la oportunidad de salvarla, no te la lleves, por favor, te lo pido en el nombre de Jesús".

Inmediatamente pedí que por favor le pusieran la bocina del teléfono cerca de su oído, y dije lo siguiente:

—Hola, soy Alex, abuela, te quiero mucho. Aquí llamándote; todo bien por aquí, extrañándote; sé que me escuchas. Alguna parte de ti se me escucha, lo sé, porque Dios así me lo hace sentir. Te pido perdón por todas las cosas malas que te hice en su momento, y también, te perdono por todo lo ocurrido en el pasado. Sé que me escuchas. Déjame decirte que Dios te ama y te está esperando con los brazos abiertos. Solo abre tu corazón a Él y deja que entre a ti.

—En estos momentos, es necesario que pidas perdón a Dios, por todo lo malo que has hecho en esta vida, que te arrepientas de corazón de todos tus pecados cometidos, para que Dios, en Su misericordia, te dé la última oportunidad de salvación. Sí, es así. En tu mente, tu alma, o tu espíritu, repite esta oración conmigo con todo tu corazón: "Señor Jesús, reconozco que he pecado. Hoy te pido perdón por todos mis pecados y te pido que tengas misericordia de mí. Hoy te recibo en mi corazón, porque reconozco que moriste por mí en la Cruz del Calvario para la salvación de mi alma. Por favor, apunta mi nombre en el libro de la vida y recíbeme en tus brazos en el nombre poderoso de Jesús. Amén".

Después hice una oración por ella entregándola en las manos al Señor.

Posteriormente, me contaron que no lograban explicarse cómo salieron lágrimas de sus ojos y cómo su semblante cambió drásticamente en una profunda paz y tranquilidad. Yo sé que fue

Dios dándole la última oportunidad en su vida, pues la Biblia dice:

"Si eres salvo, tu casa también será salva" (Hechos 16:31).

¡Gloria a Dios por Sus promesas!

Era algo increíble la manera en que se dieron las cosas; esto me hizo pensar en la Gran misericordia y amor que Dios nos ofrece, hasta en el último momento de nuestras vidas, y cómo hay personas que han vivido una vida de maldad y apartados del camino correcto e, increíblemente, Él Señor les da la oportunidad de salvar su alma antes de partir de este mundo. Es un gran Misterio que muchos no comprendemos, pero es así: Dios, siendo tan amoroso y misericordioso para con nosotros, unos simples mortales en este vasto universo.

Además, ese día no solo llamé a mi abuela: también contacté a mi madre y a Henry, así como a muchas otras personas, para perdonarlos y pedirles que me perdonaran. Fue un proceso liberador, un paso crucial hacia una nueva vida en Cristo Jesús. Con cada conversación, sentía cómo las cadenas del pasado, ya habían sido rotas y cómo mi corazón estaba totalmente sano.

Uno de los momentos más significativos fue cuando hablé con mi madre. Aunque nuestras relaciones habían sido difíciles, llenas de heridas y distanciamiento, decidí llamarla con el propósito de cerrar cicatrices y construir un nuevo vínculo entre ella y yo. Le expresé con sinceridad:

— "Mamá, quiero pedirte perdón por todas las veces que te fallé o no fui el hijo que debí ser. Y también quiero perdonarte por todo aquello que me lastimó en el pasado. Desde hoy, deseo empezar una nueva relación contigo, basada en el amor y verdad de Dios".

Su respuesta fue inesperadamente emotiva. Lloramos juntos al teléfono, compartiendo sentimientos encontrados y reconciliándonos profundamente. Fue como si, en ese instante, el Espíritu Santo hubiera tejido un nuevo lazo entre nosotros. Desde ese día, nuestra relación ha sido maravillosa, llena de respeto mutuo, comprensión y amor genuino.

No solo mi madre, sino también otros miembros de mi familia, experimentaron cambios significativos después de este proceso de perdón. Comenzamos a comunicarnos desde un lugar de gratitud y fe, dejando atrás rencores y amarguras acumuladas durante años. Ahora puedo decir con certeza que vivo en paz con mi familia, y que cada día compartimos momentos llenos de alegría y unidad.

Mi vida ha sido muy diferente; ahora soy libre y vivo con el gozo del Señor en mi vida y en mi ministerio. No solo encontré la libertad espiritual que tanto anhelaba, sino que también recuperé algo invaluable: mi conexión con mi familia. Cada encuentro, cada palabra compartida refleja el poder transformador del amor de Dios. Como dice Efesios 4:32: "Sed benignos los unos con los otros, compasivos, perdonándoos mutuamente, como Dios os ha perdonado en Cristo".

Gracias a este proceso de perdón, mi hogar ahora es un reflejo de la Gracia divina. Ya no hay resentimientos ni reproches; solo amor, paz y unidad. Mi madre, Henry y yo hemos crecido juntos en nuestra relación, fortaleciendo nuestros lazos familiares y mi compromiso con Dios y con nuestra familia. Es un milagro que nunca podré agradecer lo suficiente.

¡Al Rey sea la Gloria por los siglos de los siglos! Amén.

Alex González

Capítulo 19: La llave del perdón
El poder transformador del perdón

El perdón es un tema que ha resonado en el corazón de la humanidad desde tiempos inmemoriales. Pero, ¿qué significa realmente perdonar? ¿Es, simplemente, olvidar una ofensa, o hay algo más profundo en juego? Para explorar esta pregunta, nos adentramos en la palabra hebrea "*shalach*" (שָׁלַח), un término que encapsula una riqueza de significado y que nos invita a reflexionar sobre la naturaleza misma del perdón.

Shalach: más que una palabra, una experiencia.

La palabra "*shalach*" se define en el diccionario de James Strong como "dejar ir todo aquello que causa dolor y que nos impide ser completamente libres". Esta definición, aunque aparentemente sencilla, esconde una profundidad que merece ser explorada. En hebreo, cada letra tiene un significado intrínseco, y *shalach* no es una excepción. Está compuesta por tres consonantes fundamentales —*Shin* (ש), *Lamed* (ל) y *Chet* (ח)—. Cada una de estas letras aporta un matiz único que, en conjunto, nos ofrece una visión completa del perdón como un proceso divino y transformador.

Las Raíces de "*Shalach*":

Un Viaje a Través de las Letras Hebreas

1. *Shin* (ש): El Fuego que Purifica.

   Con un valor numérico de 300, la letra "*shin*" representa la purificación por fuego y el pacto de cambio. Es el fuego que consume lo impuro y refina lo que permanece. En el contexto del perdón, el *shin* simboliza la acción divina que quema las ataduras del resentimiento y la amargura, liberándonos de las cargas emocionales que nos impiden avanzar. Es como si Dios mismo tomara un soplete y quemara las cadenas que nos mantienen prisioneros del pasado.

2. *Lamed* (ל): El Aguijón que Nos Impulsa a Crecer.

   Con un valor de 30, "*lamed*" simboliza el aprendizaje, la enseñanza y la dirección. Es el aguijón que nos impulsa a crecer, a corregir nuestro camino y a someternos a la autoridad divina. En el proceso de perdón, *lamed* nos recuerda que el perdón no es solo un acto de liberación, sino también una oportunidad para aprender y crecer. Es una invitación a mirar hacia adelante, a dejar atrás lo que nos lastima y a abrazar un futuro lleno de posibilidades.

3. *Chet* (ח): El Muro que Nos Protege y el Puente que nos conecta.

    Con un valor de 8, "*chet*" representa la protección, la separación y la renovación. Es el muro que nos defiende de las influencias negativas, pero también es el puente que nos conecta con un nuevo comienzo. En el contexto del perdón, *chet* nos enseña que el perdón no es solo una liberación, sino también una protección. Nos protege de la amargura y del resentimiento, y al mismo tiempo nos conecta con una nueva etapa en nuestra vida, llena de esperanza y renovación.

El Significado Numérico de "*Shalach*":

En la gematría bíblica, el valor numérico total de *shalach* es 338. Este número no es casual, sino que encierra un significado profundo:

- **300**: Simboliza la perfección divina, aquella que solo puede provenir de Dios. Nos recuerda que el perdón no es un acto meramente humano, sino un proceso que requiere la intervención divina.

- **3**: Representa la Trinidad: Padre, Hijo y Espíritu Santo, la unidad perfecta de la Deidad. Este número nos habla de la naturaleza trinitaria del perdón, que involucra la gracia del Padre, el sacrificio del Hijo y la guía del Espíritu Santo.
- **8**: Denota nuevos comienzos, renovación y transformación. Es el número que marca un ciclo completo y un nuevo inicio, puesto que, únicamente 8 personas reiniciaron la vida en la tierra después del diluvio (Génesis 7:13 y 7:23).

La combinación de estos números sugiere que el perdón es un proceso divino que involucra la perfección de Dios, se basa en la unidad de la Trinidad y conduce a una renovación total. No es, simplemente, un acto de olvido, sino una transformación profunda que nos lleva a un nuevo comienzo.

La Soberanía de Dios en el Proceso

En medio de esta exploración, es imposible ignorar la soberanía de Dios en el proceso del perdón. A través de la referencia a Isaías 45:7, se nos recuerda que Dios es el autor de todo, tanto de la luz como de las tinieblas, de la paz como de la adversidad. Este versículo nos enseña que, incluso en medio del conflicto, Dios está en control. Él es quien forma la luz y crea las tinieblas, quien hace la paz y crea la adversidad. Nada escapa a su control, ni siquiera las circunstancias más dolorosas o confusas.

Este mensaje se refuerza con las palabras de Daniel 4:35, que nos recuerdan que Dios hace según su voluntad en el ejército del cielo y entre los habitantes de la tierra. No hay quien pueda detener su mano ni decirle:

"¿Qué haces?".

Estas palabras resuenan como un eco en nuestro espíritu, recordándonos que, en este proceso, no estamos solos. Dios está en control, y su soberanía se extiende sobre todas las cosas.

Las Cosas Secretas y las Cosas Reveladas

Finalmente, la referencia a Deuteronomio 29:29 nos ofrece una perspectiva equilibrada sobre el misterio de la voluntad de Dios.

"Las cosas secretas pertenecen a Jehová nuestro Dios; pero las cosas reveladas nos pertenecen a nosotros y a nuestros hijos para siempre, para que guardemos todas las palabras de esta ley".

Este versículo nos recuerda que hay aspectos de la vida y del perdón que permanecen ocultos, pero también hay verdades que Dios ha revelado claramente. Nuestra tarea es aferrarnos a lo que ha sido revelado y confiar en que, en su momento, Dios nos mostrará lo que necesitamos saber.

Un viaje de Transformación y Renovación

El perdón es mucho más que una simple decisión de "dejar ir" o de "olvidar". Es un proceso profundo, un viaje que nos lleva desde el dolor y el resentimiento hacia la libertad y la renovación. A través de la exploración de la palabra hebrea "*shalach*", hemos descubierto que el perdón no es un acto meramente humano, sino un proceso divino que involucra la perfección de Dios, la unidad de la Trinidad y la promesa de un nuevo comienzo.

Pero, ¿qué significa esto para nosotros en la práctica? ¿Cómo podemos aplicar estas verdades en nuestra vida cotidiana?

Liberación Emocional

En primer lugar, el perdón es una liberación. La letra *Shin (ש)* nos recuerda que el perdón es como un fuego que consume lo impuro, quemando las ataduras del resentimiento y de la amargura. Imagina por un momento que llevas una pesada mochila llena de piedras. Cada piedra representa una ofensa, un dolor, un recuerdo que te lastima. El perdón es el acto de soltar esa mochila, de dejar ir esas piedras que te impiden avanzar. No es fácil, y a veces duele, pero es necesario. El fuego de *Shin* no solo quema lo negativo, sino que también refina lo que permanece, dejándonos más puros, más livianos y más libres.

Un Proceso de Aprendizaje

En segundo lugar, el perdón es un aprendizaje. La letra *Lamed* (ל) nos enseña que el perdón no es solo un acto de liberación, sino también una oportunidad para crecer. Cada experiencia dolorosa, cada ofensa es una lección que nos impulsa a corregir nuestro camino y a someternos a la autoridad divina. ¿Qué podemos aprender de esta situación? ¿Cómo podemos crecer a través de esta? El perdón nos invita a mirar más allá del dolor y a encontrar significado en nuestras experiencias. Es un aguijón que nos empuja hacia adelante, hacia una vida más plena y significativa.

Una Puerta hacia la Renovación

En tercer lugar, el perdón es una renovación. La letra *Chet* (ח) nos muestra que el perdón no solo nos protege de la amargura, sino que también nos conecta con un nuevo comienzo. Es como un muro que nos defiende de las influencias negativas, pero también es un puente que nos lleva hacia un futuro lleno de esperanza. El número 8, asociado con *Chet*, simboliza nuevos comienzos, renovación y transformación. El perdón nos ofrece la oportunidad de empezar de nuevo, de dejar atrás lo que nos lastima y de abrazar un futuro lleno de posibilidades.

Un Acto de Fe

Finalmente, el perdón es un acto de fe. A través de las referencias bíblicas como Isaías 45:7 y Daniel 4:35, se nos recuerda que Dios está en control de todas las cosas, incluso de las circunstancias más dolorosas y confusas. El perdón no es solo un acto de voluntad humana, sino también un acto de confianza en la soberanía de Dios. Es creer que, aunque no entendamos todo, Dios está trabajando en nuestro favor. Es confiar en que, incluso en medio de la adversidad, Él tiene un plan y un propósito para nuestras vidas.

Un Legado de Gracia

El versículo de Deuteronomio 29:29 nos recuerda que hay cosas que pertenecen a Dios y cosas que nos han sido reveladas. El perdón es una de esas cosas reveladas, un regalo que podemos transmitir a las generaciones futuras. Al perdonar, no solo nos liberamos nosotros mismos, sino que también creamos un legado de gracia y misericordia para nuestros hijos y para aquellos que nos rodean. El perdón es un acto de amor que trasciende el tiempo y el espacio, dejando una huella duradera en el mundo.

Pasos Prácticos para el Viaje:

Un Llamado a la Acción

Así que, ¿cómo comenzamos este viaje de perdón? Aquí hay algunos pasos prácticos que puedes tomar:

1. **Reconoce el Dolor:** No ignores o reprimas tus emociones. Reconoce el dolor y la ofensa, y permite que el fuego de *Shin* purifique tu corazón.
2. **Aprende de la Experiencia:** Pregúntate qué puedes aprender de esta situación. ¿Cómo puedes crecer a través de esta? Deja que el aguijón de *Lamed* te impulse hacia adelante.
3. **Protege tu Corazón:** Permite que el muro de *Chet* te proteja de la amargura y del resentimiento. Al mismo tiempo, deja que sea el puente que te conecte con un nuevo comienzo.
4. **Confía en Dios:** Recuerda que Dios está en control. Confía en su soberanía y en su plan para tu vida.
5. **Transmite Gracia:** No guardes el perdón para ti mismo. Transmítelo a los demás, creando un legado de gracia y de misericordia

Capítulo 20: Interesante

La voluntad de Dios se manifiesta tanto en el ejército celestial como entre los habitantes de la Tierra, y nadie puede cuestionar ni detener Sus designios. Él permite todas las cosas en Su infinita sabiduría, incluso aquellas que nuestra limitada comprensión no alcanza a abarcar. Nuestra mente, comparada con la magnitud del universo y con la profundidad de Su conocimiento, es tan diminuta como un grano de arena frente al océano. Intentar entender completamente Sus caminos y Sus propósitos es una tarea imposible para nosotros, seres humanos, ya que nuestra percepción está inherentemente limitada.

Sin embargo, en medio de nuestra pequeñez, encontramos consuelo en el hecho de que Dios nos ha amado con un amor eterno. Su misericordia se ha prolongado a lo largo del tiempo, alcanzándonos y transformando nuestras vidas. Este amor y misericordia infinitos nos invitan a confiar en Su voluntad, a pesar de nuestras dudas y preguntas. En momentos de incertidumbre y sufrimiento, cuando nos preguntamos: "¿Por qué yo, Señor? ¿Por qué lo permitiste?", debemos tener siempre presente que Dios tiene un propósito mayor y un plan perfecto para nuestras vidas. Nuestro entendimiento puede ser pequeño, pero Su amor y Su misericordia son inmensurables.

—Estimado lector, muchas veces buscamos respuestas que están más allá de nuestro alcance. Nos aferramos a preguntas sin respuesta, dejando que el peso de nuestras dudas nos paralice. Pero hoy quiero recordarte algo poderoso: aunque Satanás lance flechas venenosas contra nosotros, Dios siempre tiene la última palabra. Como dice Salmo 91:11-12: "Porque a sus ángeles mandará acerca de ti, para que te guarden en todos tus caminos. Ellos te levantarán en sus manos, para que no tropieces con tu pie en piedra".

—Es el momento de dejar ir el pasado. No podemos avanzar ni cumplir nuestro propósito, mientras llevemos cadenas de rencor y falta de perdón en nuestros corazones . Hoy, toma la decisión de entregar cada herida, cada recuerdo doloroso, cada carga que te ha impedido vivir en plenitud. Permite que Dios opere milagrosamente en tu vida.

—Dios me dijo:

"El perdón no es tan solo una decisión; es un proceso. Un

proceso que requiere la intervención de Dios".

Hoy, estimado amigo o amiga, esta intervención del Señor está aquí. Solo necesitas abrir tu corazón.

Y así, poder experimentar el camino que Dios ha preparado para ti, para llevarte de la oscuridad a la luz, de la esclavitud a la libertad, de la muerte a la vida.

—¿Estás listo para dejar ir aquello que te impide ser completamente libre? ¿Te atreves a dar ese primer paso?

Hoy te invito a enfrentar tus heridas y rencores acumulados. ¡Ahora es tiempo!

Repite esta oración:

Señor Jesús, hoy te pido que me ayudes, con tus fuerzas, no en las mías, para escribir cada nombre, cada circunstancia que lastimó mi corazón, que dañó mi vida. Permite que tu Espíritu Santo saque a la luz todo aquello que he mantenido en lo más íntimo y secreto de mi corazón, porque quiero ser libre de toda falta de perdón, amargura y resentimiento que no me deja cumplir tu propósito en mi vida. En el nombre poderoso de Jesús, amén.

Ahora:

En las siguientes páginas, escribe el nombre de todas las personas que te han hecho daño, así como las circunstancias que te causaron un dolor inmenso en tu vida.

(Si necesitas más espacio, toma algunas hojas de algún cuaderno y termina la lista. Tómate tu tiempo).

Yo perdono a:

Alex González

Después de haber escrito todo aquello que necesitabas liberar, en aquel retiro divino, Dios nos reveló algo profundo:

"Quemar toda raíz de amargura y falta de Perdón".

Hoy, te invito a realizar el mismo acto de fe, un paso crucial hacia tu sanidad.

Es completamente necesario arrancar desde la raíz todo aquello que te ha impedido avanzar, tanto en el mundo terrenal como en el espiritual. No se trata solo de palabras, sino de una acción concreta que simboliza tu decisión de dejar atrás el peso que has cargado por tanto tiempo.

Ahora, enciende una fogata o busca un lugar especial donde puedas quemar las hojas que escribiste. Cuando estés listo, repite esta oración con todo tu corazón, con devoción y entrega total:

"Señor Jesús, hoy quemo todo lo que ha lastimado mi corazón y ha dañado mi alma. Sello este acto tanto en el mundo terrenal como en el mundo espiritual, tal como lo promete tu palabra".

Por eso, a partir de hoy y para siempre, me declaro libre de toda falta de Perdón.

Nadie tiene poder para acusarme ni en mi vida ni en mis generaciones, como dice tu palabra en Colosenses 2;

"Porque tú ya anulaste el acta de los decretos que había contra nosotros, quitándola de en medio y clavándola en la cruz. Tú despojaste a los principados y potestades, exhibiéndolos públicamente y triunfando sobre ellos en la cruz".

"Gracias, Señor, porque ahora soy libre de toda raíz de amargura, resentimiento y dolor. En el poderoso nombre de Jesús, ¡Amén!"

Felicidades.

Hoy comienza una nueva etapa en tu vida. A partir de este momento, tienes una vida renovada en Cristo Jesús, nuestro Señor. Recuerda siempre lo que dice 1 Corintios 5:17 : "De modo que si alguno está en Cristo, nueva criatura es; las cosas viejas pasaron; he aquí todas son hechas nuevas".

Recuerda:

Si fuera necesario, repite este acto cuantas veces lo requieras, hasta que el Espíritu Santo te dé testimonio de que verdaderamente eres libre. La sanidad y la libertad no tienen límites ni prisa. Confía en el proceso divino, y permite que Dios te guíe paso a paso hacia la plenitud de Su propósito para ti.

Deseo con todo mi corazón que este libro haya sido una bendición para tu vida, y que el Señor Todopoderoso haya obrado en tu cuerpo, alma y espíritu para que alcances la plenitud en Cristo Jesús.

Si no asistes a una iglesia, te recomiendo encarecidamente que busques una congregación donde se predique la Palabra de verdad. Allí serás fortalecido, impulsado a alcanzar la meta y recibirás la corona que Dios tiene preparada para ti. No subestimes el poder de congregarte con hermanos en la fe; juntos somos más fuertes, y la comunión edifica nuestro espíritu de maneras que no podemos lograr solos.

Fue un privilegio poder compartir contigo mi testimonio del poder sobrenatural de Dios en mi vida. Espero que estas palabras hayan tocado tu corazón y te inspiren a buscar más de Él cada día. Recuerda que Su amor y gracia son inagotables, y Él siempre está listo para guiarte en tu camino.

> Si conoces a alguien que necesite leer este libro,
> no dudes en compartírselo , pues como sabemos:
> "Da gratuitamente lo que has recibido gratuitamente"
>
> (Mateo 10:8).

Mi historia y testimonio no termina qui, en la viña del Señor me enfrente a nuevos desafíos, nuevas luchas internas, dolor angustia y momentos difíciles que marcaron el rumbo de mi vida, de mi hija y ministerio, más adelante te contaré en lujo de detalle en mi próximo libro...

Agradecimiento

Quiero expresar mi profundo agradecimiento al Espíritu Santo de Dios, cuya presencia divina ha sido la fuerza motriz detrás de cada palabra escrita en estas páginas. Su guía ha sido un faro luminoso en medio de las tempestades de duda y dificultad, iluminando el camino hacia la verdad y la confianza.

En los momentos de mayor incertidumbre, Él infundió claridad en mis pensamientos y palabras, revelando perspectivas nuevas y profundas sobre la gracia redentora de Dios. Cada frase compartida en este libro lleva el sello inconfundible de su inspiración y revelación divina.

Agradezco también por su consuelo inefable en los momentos de aflicción y soledad. Su amor incondicional ha sido mi refugio seguro, un abrazo eterno que sostiene mi alma y renueva mi fe día tras día. Que este libro sea más que palabras impresas; que sea una herramienta de bendición y transformación para cada lector.

Que el Espíritu Santo toque corazones y transforme vidas, guiándonos hacia una comunión más profunda con Dios

Con gratitud sincera y humildad ante su divina presencia:

Alex González

¿Te gusto el libro "La llave del perdón"?

¡Comparte tu opinión y ayuda a otros a encontrar la paz!

Te invitamos a dejar una reseña honesta y positiva en Amazon. ¿Qué partes del libro te han impactado más? ¿Cómo ha cambiado tu visión sobre el perdón?

Tu opinión puede guiar a futuros lectores y ayudarles a descubrir el poder transformador de esta obra.

!Juntos, podemos difundir el mensaje del perdón

y la reconciliación!

Escanea el código QR o haz clic en el enlace para dejar tu opinión en Amazon.

¡Solo toma unos segundos!

Gracias por tu apoyo.

¡Tu voz importa!.

Gracias por acompañarme en esta historia.

Si deseas conocer más sobre mí, o simplemente quieres ponerte en contacto conmigo, escanea el código QR que aparece a continuación para visitar mi página web:

¡Dios te bendiga ricamente!

Bendiciones, Hasta pronto.

www.ingramcontent.com/pod-product-compliance
Lightning Source LLC
Chambersburg PA
CBHW060824050426
42453CB00008B/575